新しい政治の哲学

国民のための政党とは

SOHEI KAMIYA
神谷宗幣
参議院議員

SATOSHI FUJII
藤井 聡
京都大学大学院教授

青林堂

はじめに

「政治」というと、カネや権力に塗《まみ》れ、「汚い」という印象が一般的です。だから優秀な若者が政治家を目指すことはもちろんのこと、政党に入ることや日常会話の中で政治の話題を持ち出すことすら、ほとんどなくなってしまっているのが実情です。実際、テレビや新聞では連日、様々な政治スキャンダルが報道され、日本の「政治不信」が激しく拡大しています。

しかしこうした「政治不信」が我が国に途轍もない被害をもたらしているのが実情です。「政治不信」は人々から政治に対する興味関心を奪い去り、その必然的帰結として、「政治屋」達が好き放題に政治を私物化する状況を助長してしまっているのです。その結果、経済や国勢を停滞させ、あらゆる秩序の崩壊を導き続けているのです。

しかし、政治スキャンダルのニュースの氾濫は、政治というものが〝本来的〟に汚いものであることを意味しているのではありません。むしろそれとは逆に、政治というのが本来、公明正大で清廉潔白で崇高なものでなければならないからこそ、政治家のスキャンダルが大きく報道されているに過ぎないのです。

では「本来の政治」というものは一体何なのでしょうか？

それを読者にじっくりとご理解頂くのが本書の目的です。

本書の共著者、神谷宗幣《かみやそうへい》さんは、筆者と十年以上、様々に交流してきた若手政治家です。かつて、筆者が政治とは本来どういうものなのかを神谷さんにお話しした内容をとりまとめた書籍『政《まつりごと》の哲学』（青林堂）を出版したことがあります。あれから私たちを取り囲む状況は少しずつ、しかし大きく変化していました。ですが、前著で筆者が論じた「政治の本質」は何も変わってはいません。そしてだからこそ、政治に、そして政党というものに興味関心を持つ人達が知っておかなければならない基本的な考え方もまた、昔から何も変わってはいないのです。

本書はそんな問題意識の下、神谷さんの問いかけにお答えする形で、どんな政治信条を持つ人でもどんな政党に興味を持つ人でも誰もが心に留めておくべき内容を、今の政治状況を踏まえながら重点的にお話し差し上げたものです（第2章）。あわせて、筆者のテレビ番組『東京ホンマもん教室』にて神谷さんにインタビュー差し上げた内容を掲載しています（第1章、第3章）。

ついては本書を通して、現代の私たちが政治というものにどういう風に興味を持ち、どんな形で直接・間接に関わっていくべきなのかを、じっくりとお考え頂く契機にして頂けますと、大変嬉しく思います。是非、最後までご一読下さい。

藤井　聡

目次

『政の哲学』の〝哲学〟とは何か？
〝哲学〟の起源は、宗教にあり
〝政治〟の起源もまた、宗教にあり
〝政治〟に対する深い誤解
政治家とは、成りたくて成ってはならない。「万やむを得ず」成るものである。
全ての人々が政治に関わるべき
人々の生活を救う減税対策：日本の『民の竈』の思想
日本は「独立国」ではない……という、不都合な真実
国家の独立が必要なのは、〝リバティ〟（善を実現する自由）のためである
国家の独立のために、食糧やエネルギーの自給率を上げるべきである
長期政権化が自民党の堕落をもたらした
コロナ自粛によって、組織力が弱体化し、弱肉強食が加速した
バランスを欠いたコロナ対策
天皇陛下によって生み出される日本の凝集性

第3章 日本と世界を変えるための参政党の主義・思想

国家とは、いわば1匹の〝聖なる蛙〟のようなものである
あらゆる人間にも、あらゆる国家にも「神聖さ」がある
尊厳有る国家には、自立と繁栄が絶対必要
目指すべきインターナショナリズム、拒否すべきグローバリズム
自主独立しなければ他者を守れない
凄まじい力を生み出す日本人の調和
世界を平和に導く日本の調和の精神
全ての日本の政党が掲げるべき参政党の理念
「参政」という党名に込められた想い
日本を守るための3つの重点政策
日本の医療と経済の歪んだ実態

第1章

現在の日本の政治問題を改善する方法

日本の政治を変えたいがゆえ新政党を作った

藤井聡（以下　藤井）　こんにちは。随分ご無沙汰してましたですね。今日はよろしくお願いいします。

神谷宗幣（以下　神谷）　こちらこそ、よろしくお願いいします。

藤井　神谷さんが参政党を立ち上げて以降、直接対談を行なうのは、今回が初めてです。なかなか、お目にかかる機会がありませんでしたね。

神谷　結党以降、私は2年間各地を奔走《ほんそう》していましたから。

藤井　多忙だったのですね。２０１１年に東日本大震災が発生した直後、参議院予算委員会公聴会の場において公述人として参加した私は、積極財政を行なって震災の危機を乗り越えるべきだ、国土を強靱化《きょうじんか》しなくてはならない、という内容の演説を行なったのですが、その様子を見ていた神谷さんが、その後、自らの希望で私の家にまで訪れて話を伺いにこられたんですよね。

当時の神谷さんは『龍馬プロジェクト』という超党派の政治活動を精力的に行ってられましたよね。

神谷　はい。今でも龍馬プロジェクトは続けています。

藤井　そうなのですね。当時の神谷さんは大阪府の吹田市議会議員でしたよね。

神谷　そうです。僕が30代前半の時でした。その後、藤井先生には龍馬プロジェクトのセミナー講師や僕が主催するインターネット番組に出演していただくなど、様々な形で協力していただきました。２０１４年には、藤井先生著で僕が聞き手役を務めた『政《まつりごと》の哲学』（青林堂）という書籍が刊行されました。

藤井　私は、神谷さんと出会った当時、この時代に、これほど高い志と行動力がある若い政治家は本当に珍しいと感じた事を凄くよく覚えています。とりわけ、神谷さんが前を向いて政治で世の中を変えたいという想いを熱心に語られていたのが印象的でしたね。

当時の神谷さんは、経済など実際の政策について、あまりご存じない面もあったかとも思いますが、それでも30代前半の若者の政治に対する真摯な姿勢を目にして、当時40代前半だった私は率直に申し上げまして、日本の政治を任せられる若い人物がようやく出現したのではないかと神谷さんが家に来た日の夜、感じたものでした。

神谷　そのような言葉をかけていただき、大変嬉《うれ》しく思います。

藤井　日本全国には1700以上の自治体があり、各自治体には議会が設置されて、そこには数十名規模で議員が在籍しているのですが、当時の神谷さんは一市議会議員という立場でありながら、日本を変えたいという志を持って、全国各地の自治体の若手議員に声をかけて龍馬プロジェクトを発足させて、自らが代表を務めて、無所属議員でありながら会派を立ち上げるなど、様々な活動を行なっていましたよね。当時は何かと苦労があったのではないかと思います。

そして、2012年に自由民主党に入党されました。

神谷　選挙の2週間前に小選挙区の候補者が辞退されて、急遽《きゅうきょ》入党・立候補となりました。このようなことは、普通ではあり得ないのですが。

藤井　当時の神谷さんは、大阪では吹田市の市議会議員としての知名度が高かったからではないでしょうか。同年に開催された衆議院総選挙に出馬したのですが、残念ながら落選しました。

それから2年ほどすると自民党を離党されて、自身で「イシキカイカク」という株式会社を立ち上げてCGS（チャンネル・グランド・ストラテジー）というインターネットチャンネルを開設されたのです。その頃から結構長い間、私はCGSの番組に何度も出演していたと思いますが、その配信はまだ行なってらっしゃるのですか？

神谷　今でもCGSの配信は続けています。藤井先生の出演回はシリーズ化して動画サイトにアップされています。

藤井　あ、そうなのですね。CGSの配信を行なっていくうちに、配信内容を書籍化しましたよね。今回の出版企画の前身となる『政の哲学』というタイトルで、政治を志すにあたっての基本的な哲学について、あれこれお話しした内容をとりまとめたものとなりましたよね。で、そうこうしている内に、政党を立ち上げるんです、というお話を神谷さんから直接お伺いすることになり、その後の選挙での戦いを経て、今に至る、というわけですね。

神谷　僕が新政党結成を思い立った際、最初は藤井先生に相談しました。

藤井　相談を受けた時、私は「おお、なるほど。でも、どんな政党を立ち上げるんだ???」と、驚きをもって話を伺ったのを覚えています。神谷さんには、いくつかアドバイスを伝えた上で、「がんばってくれ」と励ましの言葉をかけたのですが、当時は政党名も決まっていなかったとか。

神谷　はい。本当に、何も決まっていませんでした。

藤井　しかし、当初から政党のコンセプトは明確でした。

神谷　「皆が参加してもらえる」、「全員が政治に参加可能」というものです。これは現在の参政党が掲げているコンセプトと同一です。

藤井　政党が大まかな政策を決めた上で、具体的な内容は国民全員で決める。私は、若い人々が投票に行かないのがそもそも問題と言う神谷さんの問題意識を聞いて、そもそも政治に関心を持って、はじめてヒトは人間になる契機を得るわけですから、ホント頑張ってもらいたいと強く思いましたね。その後は主にニュースを通して、参政党の発足や支持者の各地での急増などを経て、国政政党となっていくのを様々に拝見するようになっていきましたが、大変に心強く感じたものです。それにしても参議院議員当選、本当におめでとうございます。

神谷　ありがとうございます。

藤井　神谷さんの国会議員就任は、私にとってホントにスッゴく嬉しい話なのですよ。なんといっても、突然私の家に転がり込んで熱く持論を語っていた、あの若者が、国会議員にまで上り詰めたのか、と考えると、感慨深いことしきりです（笑）。で、神谷さんが実際に今、参議院議員として活動しておられるわけですが、どのように感じていますか？

神谷　「なかなか荷が重いな」というのが正直な感想です。僕の場合、自民党のような巨大政党の一員ではなく、参政党の立候補者全員が有権者から頂いた１７６万票余りによって選ばれた、1人だけの参政党所属の国会議員なので、背負っているものは大きいと実感しています。人々の期待に応えるというのは、非常に大変です。

藤井　私の知人には保守系の政治思想を持つ方が多いのですが、彼らから参政党に期待しているという声をよく聞きます。私自身も、参政党についてどのように思っているのかと色んな方から100回ほど尋ねられまして、やはり、保守層の多くが参政党に対して大きな期待を寄せているという状況があるのだと感じますね。

私は、参政党は保守政党であり、神谷さんはとても当たり前の、まっとうな保守思想を持つ人物だと思いますよと説明していますし、その点が、所謂《いわゆる》保守の方々が期待を寄せているポイントなのだろうと思いますが、何より、参政党自体が保守的な理念を明確に掲げていることが、保守層から期待される大きな要因なのだろうと思います。

そもそも、現在の保守層の中にはグローバリズム・新自由主義を称賛したり、米国追従的な属国意識が強い人たちがホンットに多いですし、今の自民党の政治家たちの中にはびっくりするくらいそういう人たちが多いですよね。日本の保守政党の老舗である自由民主党は、政権を獲得した「55年体制」以降、日米関係の澱《よど》みやしがらみが蓄積し続けていることの1つの帰結なのだと思いますが、とにかく、そういう親米的で新自由主義的な保守の政治家やその支持者たちを「保守のくせになんで、グローバリズムや新自由主義や対米追従が好きなんだ⁉」と苛立《いらだ》っている方々というのは、実は保守層の中にもかなりいるわけです。

おそらく参政党は、そういう既存の親米的で、新自由主義的な保守層に強く反発している保守層の受け皿として機能していて、日本の現状を変える可能性があると期待され始めた、というのが参政党の人気の秘密ではないかと、言えるのではないかなと思うのですよね。

神谷　参政党は、自分たちの想いの受け皿がないから、皆で作ろうという人の集まりなのです。

神谷宗幣が出馬に至った経緯

藤井　そもそも議員たちが互いの意見をぶつけて議論するのが本来の国会です。むしろ、神谷さんのように議論をしようとする議員が異端視されてしまう現状というのは、実はかなり歪んでいるのではないかと思います。

神谷さんの場合、20代の若さで吹田市議会議員に当選されて議会の場で様々な苦労を重ねられたわけですが、その後も、自民党に入党して国会議員になろうとしたところ、そこでも挫折を感じる結果となった。だから、当時は絶望的な気分を持っていらしたのではないかと感じていたのですが、いかがですか?

神谷　僕は２０１４年に自民党を離党したのですが、口実は翌年開催の大阪府議会議員の選挙に出馬したいというものでした。無所属で府議会議員選に出馬して落選した僕は、それを機に政治活動を引退して、藤井先生のような方々が持つ情報を拡散することで日本に貢献したいと考えて、２０１３年に開設したＣＧＳの業務に専念しようと考えたのです。一時は、二度と政治の世界には戻るまいと思っていました。

藤井　当時の神谷さんからは、いわゆる「既存の政党政治システム」に対して絶望的な気分をお持ちだった、ということを感じていたのですが、それはむしろ、「政治」というものに対して大きな希望を持っておられたからこそ、ですよね。

というのも、そもそも政治という活動は、議員だけが行なうものではなくて、あらゆる国民があらゆる局面で行なうものだからで、その中でも「言論活動」というのは政治家の活動に匹敵する、というより、時にそれ以上の大きな働きを産み出すほどに極めて重要な「政治活動」になり得ます。だから、一旦政治家を引退したと言っても、それは、「既存の政党政治システム」から身を引いただけの話であって、それは決して政治そのものから引退したわけではない。むしろ、ＣＧＳの開設というのは、１つの政治活動そのものです。

だからこそ「既存の政党政治システム」ではなく「新しい政党政治システム」として参政党を作られて、参議院選を通して自身が議席を獲得されるというのは、表面的に見れば大きな変化であることは間違いありませんが、思想的に見れば極めて一貫した流れだったと言えるように思います。半《なか》ば、必然的な流れだったと。

ただし、ここで重要なのは、その議席の獲得が比例代表制によるものだ、という点ですよね。有権者は、参政党から出馬した人々の多くは神谷宗幣さんでも武田邦彦《たけだくにひこ》先生や松田学《まつだまなぶ》先生でもなく、「参政党」という政党に期待を込めて投票したわけです。ただ、今回の選挙では、たまたま票数の関係で神谷さんが国会議員に就任したわけですが、必ずしも「神谷宗幣という個人」が参議院選挙で選ばれたのではなく、あくまでも、参政党の党員が1名参議院議員に選ばれたわけで、その代表者として神谷さんが選定されたというわけですね。決して神谷さん自身が、自分自身が政治家になることを意図して、それを目的として参政党を作り、運営して来られたわけではありませんものね。

神谷　そうなのです。そもそも僕は党内では事務局長という立場なので、当初は選挙には出馬せず、選挙の実務を行なったり、候補者やお金を集める役割を担当しようと考えていました。

藤井　そうでしたよね。実際に神谷さんは、選挙戦時は選対に携《たずさ》わっていたようですし。

神谷　そうです。当時の参政党は知名度が低かったので、看板となる候補が出馬しないと困るという意識がありました。そのため、科学者として知名度が高い武田邦彦先生に党から出馬できるかと伺いを立てたのですが、武田先生は、すぐさま快諾《かいだく》してくださいました。あまりにも即答だったので、その時の僕は、大いに感動すると同時に少し動揺したのです。

藤井　たしかに、即答というのは珍しい。でも、それは素晴らしいお話ですね。武田先生なりに、選挙への出馬、というのは、これまでもずっと考え続けて来られたことだったのでしょうね。

神谷　僕自身は十中八九の確率で断られると予想していたのですが、武田先生は「分かりました」と言ってくださったのです。ところが、先生の次の言葉は「私に出馬しろと言うのだから、当然、神谷さんも出馬するんでしょう?」というものでした。あの時、私が出馬しないと答えたら、「では、私も出馬しません」と言いそうな雰囲気を武田先生が醸《かも》し出《だ》していましたので、僕は思わず「出馬します」と答えました。これが、僕が候補者となった経緯です。

藤井　なるほど。その時にそのような経緯があったのですね。

日本国民を追い詰める政府の増税

藤井　では、今回は日本の現状の政治問題から、お話をはじめて参りましょうか。現代の経済政策について、まず神谷さんにお伺いしたいと思いますが、今の岸田文雄《きしだふみお》総理は、すでにほとんど口にすることもなくなりましたが、令和4年の総裁選の時には「令和の所得倍増計画」を政策の柱に掲げられていましたよね。私は以前からまさにそうした目標の下、積極財政と減税を展開するべきだ、ということを様々に主張してきたのですが、このあたりの経済政策について、神谷さんは今、どのように考えていますか?

神谷　まず言いたいのは、日本人の所得が低すぎるという事実です。この30年間、日本人の平均所得が停滞状態であるのに対して、他のほぼ全ての国の国民の所得が上昇しています。日本のみが異常な状態といっても過言ではありません。アメリカの場合、30年前に比べると平均所得が2倍ほどにアップしているわけですから、本来ならば日本人の所得も30年前の2倍になっていてもおかしくない。岸田総理の、「所得倍増」は決して夢物語ではないのです。日本人の所得が上がらないのは、単《ひとえ》に政府の経済対策に問題があるからで、緊縮財政が大きな要因というのは、藤井先生も同意見だと思います。

ＭＭＴ（現代貨幣理論）など理論や方法は問わず、とにかく減税と積極財政を行なって、国民が使えるお金を増やさなければならないというのが僕の見解です。国民がお金を使うことによってＧＤＰが上昇するのですが、現在の日本人の多くは、お金を使ってはいけないと思い込んでいるわけです。国民が多くのお金を使えるようになるためには、民間団体でも企業でもなく、国家が率先して財政対策を行なうべきなのですが、日本政府はプライマリーバランス（国家や自治体の財政の基礎的収支）などを引き合いに出して、財政対策は消極的なのです。仮に国債がどれほど増大しようとも、まずは積極財政を実施して、その結果、物価が極度に上がれば税率を上げれば良いのです。現在のように、デフレで税収が落ちているにも関わらず税率を上げたら、経済はさらに冷え込むでしょう。

藤井　それは当然です。

神谷　むしろ、税率を半分に引き下げた方が、経済は回復するのではないでしょうか。単純に使えるお金を増やして、日本人が「たくさんお金を使って良い」という意識を持たなければ、絶対に経済は回りません。元財務省官僚で参政党代表の松田学氏が提唱した松田学プラン、通称「ＭＭＰ」という経済理論があるのですが、松田氏はＭＭＰの内容を見れば、財務省官僚の皆様も賛同してくれると自負されています。今後、参政党はＭＭＰを論理構成として説明しながら、財務省に新しい経済対策を実施するよう呼びかけようと計画しています。

藤井　参政党が政策を実行する上で最大の障害となるのが緊縮財政です。仮に緊縮財政が廃止されたら、日本の自主独立、国民の食や健康、国の守りといった、参政党が目指す理念の実現が、一気に前進するでしょう。積極財政は、参政党にとって最も重要なポイントと言えます。

これは、最近の私が頻繁《ひんぱん》に使っている説明で、非常に簡単な内容なのですが、仮に消費税率が大幅に上昇した場合、経済は必ず下向きになります。経済が下向きになった場合、何らかの対策を行なって上向きに転じるよう調整するのは当然のことです。

ヨーロッパ諸国の消費税率は15％、国によっては20％台に達しているのですが、そこまで税率が上昇した理由は、ヨーロッパ諸国の場合、税率を徐々に上げてゆき、経済成長率がゼロ、もしくはマイナスになった時点で減税を行うという事をやってきたからです。すると、経済はプラス成長となりますので、再び税率を上げるという方式です。消費税率とは、国家の経済状態で許容される範囲に収めるのが常識であって、その結果として現在のヨーロッパ諸国は20%から25%になっているのです。

神谷　日本の場合、ヨーロッパのような臨機応変《りんきおうへん》な対策は行なわれていません。

藤井　そのとおりです。日本では1997年4月に消費税が3%から5%に上昇したのですが、その直後にデフレ状態となりました。つまり、1990年代日本の消費税率の「許容範囲」は3%が限界だったのです。だから仮に、当時の日本政府が税率を3%に戻していたら、日本経済はすぐさまデフレ状態から脱却できたのに、それをやらなかった。というより日本政府は、その後も税率を上げることはあっても、下げることは一切なかった。これこそ、日本経済が低迷した直接的原因です。

神谷　政府は、税金が調整弁のような役割を持つとは理解していないように思えます。

藤井　ホントにそうですね。極めて嘆かわしい状況です。私の主張は、消費税率は、とにかく絶対下げるべきなのだ、というものではなく、国家の経済に悪影響を与えるような税制はいけないのだ、というだけのものなのです。

神谷　経済を傾けるまで税率を上げる必要はありません。

藤井　この理論は、経済に関心がある方なら、必ず理解できると思います。

神谷　目先の税収だけを追い求めるのではなく、長期的な視点を持って税率の調整を行なうべきです。

藤井　国家の経済は綱渡りのように不確定な面があります。綱渡り師は足元を見ながら進むと落下してしまうので、前方を見ながら進むのです。だから日本経済も、しっかり将来を見据《みす》えず、足下の税収の多寡や財政収支の赤字や黒字にばかり気をとられていては、足を踏み外してしまうことはもう確実になってしまう。

神谷　非常に分かりやすい例え話ですね。

藤井　そのように考えると、今のような不況の中で消費税率を下げないという馬鹿な判断があるはずはないのです。だから、今の政府が行なっているような目先のことばかりに気を取られている経済政策では、日本の転落が止まるはずはありません。

非科学的・利益重視のコロナ対策

藤井　日本の新型コロナウイルス対策については、どのように考えているのですか？

神谷　あらゆる意味で過剰だと思います。２０２０年にコロナウイルスが発生した直後の時期ならば、慎重な対策が行なわれるのは、百歩譲って納得できたのですが、ウイルスの実態がほぼ解明されている現在もなお、日本では過剰な態勢が敷かれていま す。

藤井　現在では、通常の風邪よりもコロナ感染症に関するデータが揃《そろ》っているほどですから。もはや「新型」ではありません。

神谷　感染予防を目的とした過剰な自粛や行動制限によって、経済の方が死に体となってしまいました。僕はコロナ感染症よりもマイナス経済の方が、はるかに深刻な症状だと思います。それにも関わらず、政府は長い間国民に規制をかけ続けた。

藤井　おっしゃる通りです。あのゼロコロナ政策を徹底的に推進していた中国も含めて、世界中でコロナ規制がほぼ解除されていた、2023年の当初の段階でも、日本政府は新型コロナウイルス感染症を、致死率が数割もあるSARSやMERSと同様に「隔離」することを前提とする「感染症法における二類相当」の感染症として位置づけて、様々な規制をかけ続けました。

2023年の5月の段階でようやく日本政府は五類相当に規制を緩和することにしたわけですが、遅すぎる。例えばイギリスは、その1年半前の2021年の年末の段階で、感染が大きく拡大して、感染死者数も拡大しているタイミングで、コロナの毒性が十分に低いことが確認できたということで、全面的に行動規制を解除している。イギリスだけでなく、厳しい行動規制をかけていたヨーロッパ各国も同様の対応を図った。例えば2022年7月に、私は出張でヨーロッパ各国を訪れましたが、どの国もコロナウイルスに関する規制は全く行なわれていませんでした。誰もマスクを着用せず、ソーシャルディスタンスも行なわれていなかった。

神谷　外国が、そのような状態にも関わらず、日本では、藤井先生がおっしゃるように頑《かたく》なに二類に分類することに拘《こだわ》り続けた。本来ならば、コロナウイルスを感染症の指定外、普通の病気と見なして、全ての病院で処方可能という状態にして、重症者のみに手厚い治療を行なえば良いのです。ところが、現行の2類指定の場合、大規模なPCR検査が実施されて、陽性と判断された場合、仮に無症状だとしても隔離されるという状態です。

繰り返しになりますが、流行初期ならともかく、政府の現在のコロナ対策に関しては「一体何をやっていたんだ！」という気持ちでしたね。

藤井 岸田総理自身がコロナウイルスに感染して、ウイルスの実態を把握したはずなのに、規制緩和の先延ばしし続けた。その結果、日本経済に深刻なダメージをもたらした。それはつまり、我々国民全員の一人一人から何万円、何十万円というお金を無理矢理失わせたという話です。

それだけではなく、神谷さんが先ほど指摘されたように、2類指定のせいでコロナ患者は極一部の病院でしか治療を受けられなかった。その結果、コロナによる健康被害、人命被害が拡大したという側面が確実にある。これほど理不尽なことはないでしょう。国民はもっと正々堂々と、冷静に〝怒る〟べきだと思います。

神谷　コロナワクチンに関しても、何度も接種すると人体に悪影響を与えるという事例が多く報告されていて、海外では接種を半ば強制で進めた政府や医師が訴えられています。

藤井　リスクゼロのワクチンなどありません。ワクチンを接種しようか迷っている方は、コロナ感染症によるリスクと、ワクチン接種によるリスクを、両天秤に掛ける発想が必要だと思います。

神谷　子供の場合、たとえコロナウイルスに感染しても、重症化のリスクはほとんどありません。もちろん０％というわけではないのですが、ごくわずかな確率です。メディアは、数値にすれば０・０数％といった重症化のリスクを、針小棒大《しんしょうぼうだい》に報道して人々の恐怖感が増大する方へ思想を誘導しているのです。メディアの報道よりも客観的なデータを確認する方が大切です。

藤井　日本人も、季節性インフルエンザや旧型コロナウイルスによる風邪と、長年付き合いながら生活してきたのです。コロナ禍発生から3年が経過した現在、従来の感染症との付き合い方を参考にしながら、コロナ感染症を普通の病気の1つとして位置付けていくという対応が絶対に必要だと思います。

神谷　テレビでは、何年にもわたって毎日コロナ感染症による死亡者数が発表されてきましたが、インフルエンザや風邪による死亡者も毎日発生しているのです。感染症による死亡者をゼロにするのは不可能です。

藤井　生きている人間には、いつか必ず死が訪れます。誠に哀しい話ですが、毎日数多くの方がお亡くなりになっている中、コロナ感染症による死亡者だけを取り上げるというのは、明らかにバランスを欠いた行為です。テレビ局の報道には視聴率狙いや利権構造など様々な条件があり、それを変更するのは難しいという事実が見え隠れしています。

神谷　ワクチン注射を打てば打つほど医療関係者は儲かりますし、自治体側には多額の補助金が下ります。コロナ対策は、もはや利権のために継続していると言っても過言ではない状況です。

藤井　明らかに奇妙な状態です。しかも、これらの対策によって国民が健康になるどころか、むしろ不健康な状態になっている懸念すらあります。

神谷　不合理な状態には、必ず裏に利権や誘導があります。それを止めるのが政治や学問の責任であり、暴いていくのがメディアの務めなのに、日本はその機能が壊れてしまっているように感じています。

安全保障の要因となる情報・経済・軍事

藤井　国家の安全保障についての意見をお聞かせ願えますか。

神谷　この話は、参政党の政策である「国まもり」にも重なる内容です。従来の日本では安全保障に関しては、「専守防衛」など軍事関係の話題のみが議論され続けてきました。僕たち参政党は「先手対応」という、相手が軍事的な先制攻撃を行なう以前に、先手を打って相手の攻撃に備えるという対策を考案しています。

藤井　「先手」と書いて「せんしゅ」、先に手を打つという意味ですね。

神谷　この場合の手を打つとは、日本の情報や経済を守るという意味です。現代の戦争は、サイバー（情報）戦争化しています。現時点でも他国に日本の重要機密が盗まれている可能性があります。日本にはスパイ防止法が存在しないため、情報を盗みたい放題という状態ですから。

情報戦争に勝利するためには、先に防衛線を張り巡らす必要があり、状況によっては、日本側が防衛ラインを国外にも展開する必要があるでしょう。そのような対策を行なわなければ、仮に日本が他国の軍事勢力に攻め込まれた場合、国内のコンピュータが一斉にハッキングされて、政府や自衛隊の機能が停止するという事態も想定されます。

藤井　医療で例えると、病気になる前に健康体になろうという話ですね。

神谷　まさにその通りです。

藤井　病気になってから、あるいは怪我をしてから治療を始めても遅い。情報の防衛とは健康保険の概念と同じです。健康保険の目的とは、多くの人々に予防治療を施して病気が発症しない状態となり、その結果、通院する人を減らすことです。それと同じように、攻められないためには、事前に対策を行なうのが大切です。

事前に対策を行なうというのは、軍事の基本なのです。戦争というものは軍隊が行なうものですが、戦争が発生する最大の原因は軍事のインバランス（不均衡）なのです。日本の場合、中国、北朝鮮、ロシアと仮想敵国と呼べるような国が周辺に存在しており、周辺諸国との軍事バランスは日米同盟を加味することで保たれているわけですが、そのバランスが崩れると、日本は一気に攻め込まれるでしょう。

神谷　その通りです。だからこそ、事前対策が必要なのです。

藤井　情報戦以外でも、日本の経済が成長してゆけば、アメリカにとっての重要性が上昇して、日米同盟もより対等化してゆく可能性があり、経済成長に伴って軍事力も増大します。日本の軍事力が増大すれば、先手の防衛力にもなりますし、周辺諸国との軍事バランスは、さらに対等なものとなるでしょう。

つまり、日本の国力が上昇すれば、簡単には攻め込まれないような国となるのです。要するに日本国内で減税を行なって経済成長すれば、日米関係は良好となり、防衛力も強化されて平和な社会が長期的に続くようになるわけです。これは非常に簡単な理論です。

神谷　藤井先生の意見は、参政党の政策と同様です。日米同盟は軍事バランスを保つための大事な要素です。

藤井　日米同盟は集団安全保障ですから。欧米諸国もＮＡＴＯという集団安全保障条約を結んでいます。

神谷　今の日本は対米従属体制ですが、今後の日本は対米関係を上下ではなく、どれだけイコールな状態にするかという点に知恵を使うべきだと思います。そのためには、日米双方の国益に適う活動を一生懸命ロビイングする必要があるでしょう。こちらからもアメリカ側にメリットがある新しい関係を提案しないと、向こうの言いなりになっているだけでは駄目だという話です。

藤井　今まで、日本では、そのようなタイプの外交が行なわれる機会はありませんでした。以前、私がアメリカの外交専門家に日米間で対等な外交を行なうべきだとお話ししたところ、「一度、日本の自民党や外務省に行ってみろよ、藤井さんのような話を言っている人なんて一人もいないから」と、鼻で笑われた経験があります。

日本が自主独立できると考えている政治家や官僚は、永田町や霞が関からあらかた消滅してしまっているようです。私は、少なくとも、故・安倍晋三《あべしんぞう》元総理の心の中には、そのような気持ちがあったと考えていますが、他の国会議員や国家官僚の精神の内に、そういうものはほとんど、というより全くといって良いほど、存在しないように感じています。

神谷　それを聞くと絶望的な気持ちになりますが、実際に政治の場で日本の自主独立を唱えると、「そんなことは無理だ」「彼らは右翼だ」などと言われますからね。

藤井　その理屈で言うと、他の国の人々は、全員が超右翼になってしまいますね（苦笑）。

神谷　自分が生まれ育った国の独立を願うのは、人間として当然のことです。

藤井　今後、政治によって日本人の意識が変わるのを期待します。

第2章

本来の日本を取り戻すための政の哲学

参政党の思想に影響を与えた『政の哲学』

神谷　藤井先生の著書で僕が聞き手役を務めた『政の哲学』は2014年発売で、2022年には大幅に加筆した『新・政の哲学』（青林堂）が刊行されました。この書籍に記された内容は、僕たち参政党の理念に、多くが取り入れられています。

藤井　神谷さんたちの活動を拝見するたびに、あの本で話した内容が様々な形でベースになっているのだなと感じています。ただし、そもそも哲学がない政治は政治ではありません。哲学を持たない政治家は、単なる紛《まが》い物であって、ビジネスの政治屋でしかない。ですから、あらゆる政党の綱領《こうりょう》に哲学が取り入れられるのは当然のことであって、参政党の綱領は、その例外でないのもまた、至極《しごく》当たり前のことなのだと思います。

神谷　本当にそう思います。参政党の党員の方が「哲学とは、どういう意味ですか？」と質問してくるのですが、そのたびに、まずは『政の哲学』を読んでくださいいと伝えています。

藤井　『政の哲学』の中で、私は様々な内容を話していますが、どちらかと言えば、私自身は単なる「発話装置」つまり「スピーカー」の役割を果たしている、と自認しています。日本にも世界にも2500年以上の昔から哲学の伝統があるわけで、私はその内容を、現代のいろいろな政治的な文脈にあわせて「発話」しているだけの「スピーカー」の役割を果たしているに過ぎないわけです。だから、『政の哲学』の中に記した内容は、先人達の智恵であるわけで、「藤井聡個人の意見」とは全く次元の異なるものなのです。

神谷　藤井先生が言われるように、『政の哲学』には、先人の知恵がコンパクトに要点をついてまとまっています。書籍が刊行されてから8年以上経過していますが、今読んでも内容が全く色褪《いろあ》せていません。

藤井　日本の哲学の歴史は2500年以上ですから、8年など微々たる誤差です。

神谷　『政の哲学』は、これからも廃れない書籍になると信じています。

藤井　本書を手に取られている方の中には、『政の哲学』を未読の方もいると思います。まずは『政の哲学』の一番コアな部分を紹介したいと思います。そして、その上で、現在国会で議論されている内容や、参政党を含めた各政党が取り組もうとしている内容と『政の哲学』がどのように関係しているのか、とりわけ、参政党の個々の理念や政策の基本的な哲学が、どのように『政の哲学』と関連しているのか、両者が如何《い》何《か》に同じものなのか、といったあたりについて今回はお話ししようと思います。

ついてはまず、『政の哲学』の「哲学」とは何かという話から始めましょう。

『政の哲学』の〝哲学〟とは何か？

藤井　そもそも理学、工学、化学、物理学といった学問は、何を学んでいるのかという具体的な対象が比較的はっきりしている、という面がありますが、哲学は、その学問の対象が広すぎて、一体何を学ぶべきなのかが分かりづらい、という面があります。

ですが、哲学という言葉の英語訳が何かを考えれば、この点はクッキリと見えてきます。そもそも哲学を英語で言うと「フィロソフィー」で、ギリシャ語で「フィロ」は「愛」、「ソフィー」は「知」ですから、哲学というものを直訳すると「知ることを愛すること」という言葉なのですね。

つまり、哲学というのは、方程式を覚えたり何かの技術を学んだりと言う学問とは違って、ひたすら「知る」ということを「愛する」ことなわけです。ここでフィロ＝愛の対象となるものはもちろん、愛すべき対象、であって憎むべき対象ではない。本当に正しいことだとか、本当の真実だとか、本当に美しいものを知ることを愛するのが、哲学なのです。決して、紛い物やら嘘偽りや、欺瞞《ぎまん》や詐欺のテクニックなどを知るのを愛するのではない。

ちなみに、西洋人は綺麗なものや正しいものを「神」と呼んだわけですが、私たち日本人は「神」という表現はあまり使ってきませんでした。そのような、本当の正しいことや美しいことや真実、誠のものを象徴するものとして、日本人が日常生活の中で慣れ親しんだ言葉は「お天道様」という言葉ですね。いわばお天道様とは、我々の住むこの俗世を超越した、何やら絶対的に正しい誠なり何なりを指し示す言葉として使っていますよね。

神谷　昔の日本人は、「お天道様が見ている」という表現をよく使いましたよね。

藤井　だから、西洋人の神という言葉と、日本人のお天道様という言葉は、概念的によく似た位置付けにあるわけです。西洋的な「宗教的な言葉」でも日本的な「日常的な庶民的言葉」でもない、もう少し中間的な言葉でそれらの言葉を言い換える「真善美」という言葉となります。正しき真実と善、そして美、それが真善美です。それは、真実の逆の「偽」、善の逆の「悪」、美の逆の「醜」の「偽悪醜」の正反対の概念です。ヨーロッパでは、この真善美を神と呼び、偽悪醜を悪魔と呼びます。日本人には神と悪魔の区別は明確には存在しませんが、良いことと悪いことは区別できます。簡単に言ってしまえば真善美は良いもので偽悪醜は悪いものです。

ですから、**哲学というのはホントに良いもの=真善美を愛し、知ろうとすることな**

のです。

そして、その哲学、真善美を愛し知るための最大の武器はもちろん、考えること＝〝ｔｈｉｎｋ〟です。

神谷　政治も考えることが肝心ですからね。

藤井　だから、思想と哲学は不可分なんです。なぜかというと、思想というのは、「思う」「想う」と書くでしょ、で、日本語の「おもう」という言葉は「かんがえる」という言葉とほとんど同じことを意味するのです。そもそも「おもう」という言葉は「分別するために心を働かす」ということですから、英語で言うところの「ｔｈｉｎｋ」、日本語で言う「考える」と全く同じですよね。

つまり、思想＝考えること、というのは、フィロソフィー＝愛知のための道具であり、真善美に近づこうとする際の手段なのです。だから、思想・哲学っていう言葉があるくらい、思想と哲学はセットになって語られることが多いわけです。

“哲学”の起源は、宗教にあり

藤井　ところで哲学は、西洋では２５００年前のギリシャの哲人・ソクラテスが始めたわけですが、そのソクラテスがいつ哲学をはじめたのかと言えば、それは、彼が神殿に赴《おもむ》いた際に神から啓示を受けた時だといわれています。

つまり、そもそも哲学の起源は、実を言うと「宗教」なのですね。

神谷　そのような由来があったのですか。

藤井　そうなのです。日本では統一教会の問題などが典型ですが、宗教と言うと、「なんだかヤバイ」と思う傾向が強いのですが、日本以外では全くそのようなことはありません。だから、哲学の起源は宗教だ、という話は欧米では極々自然に捉えられています。何と言っても、西洋では真善美は神なのであって、その真善美を愛するのが哲学なわけですから、定義上、哲学というのは西洋ではモロに宗教的なものであるわけです。

もう少し厳密に言うと、宗教というのは、真善美の内の「善」とは何かを考え、実践する側面が強い。だから、宗教は、「善」という切り口から、真善美を追求しようとする営為と位置づけられます。一方で、哲学というのは、主として一体何が正しい「真」実なのか、という切り口から真善美を追求する営為といえます。ちなみに、真善美の残りの「美」を追求する営みは主として芸術ですね。

ただし、「善い行ない」というのは、美しいものです。しかも、それこそが、人間が「真」になさねばならないことだとも言えます。逆に、「真」実というものは、美しいものです。数学的な真実、物理学的な真実、というのは、もの凄く美しいものです。その美しさは、数学者や物理学者がよく知っているものでもあります。しかも、そんな真実に抗《あらが》わず、それに従って生きていく振る舞いというのは、「善」なるものともいえます。人間の真実の本性に沿って生きていく振る舞いにこそ、道徳的に正しい振る舞いだ、とはよく言われることです。

最後に「美しいもの」はもうそれだけで「善」いものですし、それこそが、この世界の真実だとも思えてきます。

何を言っているのかというと、真善美というのは、実は一応は別々のものではあるけれど、全部同じものなのですね。山を登る時に、東側から上るか西側から上るか北側から上るかの違いはあっても、頂上に辿り着けば、皆同じ、というイメージです。

だから、「宗教」というのは「善」というアプローチで究極的な頂点を目指す傾きがある一方で、「哲学」というのは、「真」というアプローチで究極的な頂点を目指す傾きがある、という相違こそあれ、結局は同じことを目指している取り組みなのだと言えるわけです。その意味で、宗教と哲学、さらには芸術というのは、一見違うように見えても人間が実践する同様の行為なのだ、と言えるわけです。

〝政治〟の起源もまた、宗教にあり

藤井　ところで、政治という言葉も、その定義から考えれば、もの凄く宗教的なものなのです。

そもそも政治という言葉は、**「政」（まつりごと）と「治」（おさめる）の2つの文字で構成**されています。

まず、「治める」という時は「荒れているものを抑える」という意味であり、山が荒れているのを抑えるのが治山、氾濫《はんらん》した暴れ川を抑えるのが治水です。政治の世界の場合、荒れているのは人々、さらに言うなら「人心」です。現代は人の心や社会が荒れているため、オレオレ詐欺を行なう人物、強盗団を外国の収容所から指揮した「ルフィ」と呼ばれる人物や、回転寿司店の湯呑みを舐め回して時価総額170億円を損失させるといった犯罪者たちが多く出現しているのです。

神谷　政治を行なっていても、国民や社会の心の荒廃を肌で感じています。

藤井　私たちも含めた人間の心の中には、そのような偽悪醜な荒れた部分が必ず存在します。もし、全ての人の心が荒れているとすれば、互いが殴り合い、殺し合い、猜《さい》疑心《ぎしん》の固まりとなって疑り合ってしまうため、社会は成り立ちません。そのような状態にならないよう、皆で仲良く、円滑にスムーズに協力し合えるようにするために「和をもって尊しとなす」、荒れずに皆で協力しながら幸せになるのを目指す思想や行為を、治めると呼びます。

一方、「政」の訓読みは「まつりごと」ですが、わずか1つの文字の読み方に5つのひらがなが使われているというのも、なにやら凄い言葉ですよね。おそらく、小学生がこの読み方を知った時は衝撃を受けるのではないでしょうか。

神谷　言われてみると、そのような読み方をする文字は、なかなか思い当たりません。神聖な印象を受けます。

藤井　なんだかそんな気がしてきますよね。で、その「まつりごと」という言葉は文字通り、神様を「祭る」行為を意味します。つまり、「政」（まつりごと）は「祭り事」なのです。

そして、この祭る（あるいは祀る）とは神様に祈る行為で、願うことを意味します。神をある場所に鎮め奉るのも、神社で秋祭りを行なうのも皆、「祭り事」ですが、それらはいずれも、神様として祭り上げ、その神様に頭を垂れ、祈願する行為です。「政」（まつりごと）の語源が、そういう「祭り事」なのだということは、政治の根幹に、神様を崇め奉り、祈願するという精神があることを意味しています。そして言うまでも無く、西洋での「神」と、日本の神仏は、厳密に言うと色々な違いはありますが、いずれも超越的な存在であり宗教的な存在だという点ではもちろん同じです。つまり、洋の東西を問わず、神事というのは、結局は、超越的な真善美を追求する私たちの心の働きを意味しているのです。

例えば、お祭りには「御神酒《おみき》」がつきものですが、御神酒を飲んで酔うと、精神が高揚して、神とつながりやすくなる、という効果が期待されているわけです。それはつまり、神聖なる神社の場で、お酒を頂くことで私たちの精神が真なるもの、善なるもの、美なるものを理解しやすくなるということを意味しています。良い感じで酔えば、心の澱《よどみ》が取れ、本当に正しいものや美しいものが見えやすくなる、というわけです。

だから一言で言ってしまえば、政治の本質である「政」（まつりごと）は、文字通りの「神事」なわけで、それは東西問わず、真善美を知り、それを実践せんとする人間の営為となっているわけです。

例えば、弥生時代の女王・卑弥呼は古代の代表的政治家ですが、彼女は、政治家であると同時に、神事を執り行なう神主の存在だったわけです。というか我が国で言うなら、日本で最初の政権である大和朝廷の中心であった天皇陛下は、大嘗祭《だいじょうさい》や新嘗《にいなめ》祭《さい》を行なう神道の神主ですよね。現代でも、神主の頂点に君臨しているのは天皇陛下です。

神谷　昔は神の神託を下す人がいたり、審神者として、それを解釈して伝える人がいたと学んでいます。日本では、政治と神事が密接に結びついていたのですね。

藤井　そうなのです。しかもそれは、日本だけの話なのではなく、欧米などでも、より露骨にそうなっています。例えば、アメリカの大統領は大統領就任式の時には聖書に手を置いて宣誓を行ないますが、これも明らかな神事です。

つまり「政治」という営みは、我々のこの俗世間にあって、そこを超越した神という言葉に象徴される真善美につながろうとする活動である「政」（まつりごと）を行なうことを通して、ルフィや湯呑みを舐めるような人々を制止して（治め）、それをもってして、皆が信じ合い、協力し合い、仲良くやっていく社会を作り上げて、維持していこうとするものなのです。

逆に言えば、この〝俗世〟の次元を超越し、より高次の「真善美」の〝神聖〟なる世界を志すことを通して、皆が真善美の山の頂に近付き、それを通して皆の合意が形作られて、協力し合い、信頼し合うことが可能となり、自《おの》ずと治まっていくという不思議なメカニズムが私たち人間の心には存在するわけです。そのようなメカニズムがあるからこそ、キリスト教、仏教、神道、西洋哲学、儒教、あるいは、ソクラテスやプラトン、さらには荻生徂徠《おぎゅうそらい》や熊沢蕃山《くまざわばんざん》のような哲学者が出現したわけです。

つまり、一言で簡潔に述べるなら、本当に正しいことを求めようとする心が「政」（まつりごと）であり、それを通して民を治めるのが「政治」なのです。そして、それを考えるのが「政治の哲学」です。

神谷　真善美を理解するのは難しいことですが、藤井先生が言われたことを理解した人ならば、少なくとも飲食店で他の客が使う湯呑みを舐めるようなことは、絶対に行なわないでしょう。

藤井　それはそうでしょうね。「政」と「治」を意識していると、湯呑みを舐めるのは善ではない、行なってはいけないと理解できますよね（笑）。

神谷　逆に言うなら、その意識がなくなっているから、すべて法律で縛らないといけなくなっているわけですね。参政党でも何か注意をすると、「それはどこに書いてあるんだ？」と、反論してくる人が、時おり、います。ルールに書いていなければやってもいい、日本の「政」「治」とは一番かけ離れた考え方が、蔓延《まんえん》してきているように思います。

藤井　そうなのですよね。

〝政治〟に対する深い誤解

藤井　でも、政治という言葉は、世間では、今話したような「神事」とはかけ離れた、何やらもっと腹黒く、私利私欲や俗欲に塗れた、何やら薄汚い〝業〟に塗れた仕事だ、というイメージがあると思うのですよね。

神谷　そうです。そのように言われることが、僕らは本当に多いです。

藤井　政治に対する一般の方々のイメージもそのような感じですし、政治家の人たちの中にも、そういうダークなものとして政治を捉えている人が実に多い。政党名は具体的に挙げませんが、党を上げて、まるで「反社集団」や「反グレ」のような徒党を組んでいるという雰囲気を出すようなケースも決して少なくはない。

なぜ、そうなるのかというと、政治にはどうしても「権力」がついてくるからです。その権力は、本当は真善美を理解し、それを実践するために与えられた崇高なもの……なのですが、それを私利私欲や俗欲のために使う輩がでてくるわけです。

ですから、政治の哲学を初めて説いたソクラテス、プラトンは「政治家とは、万やむを得ずやるものである」と言ったわけです。これは、政治家には、自ら成りたがって成るものではない。そうあってはならない。俗欲に塗れた、現世の政治の世界になど、何の興味も無いような存在が、万やむを得ず、致し方無く政治家にならざるを得ないと考えてなるべき存在なのだ、と言ったわけです。
この言葉の真意を、少し解説しましょう。

政治家とは、成りたくて成ってはならない。「万やむを得ず」成るものである。

藤井　そもそも、ここまでお話ししたように、本来政治家は、政治という行為を、知を愛する「フィロソフィー」（哲学）の精神で真善美を崇高なるものであると認識し、真善美を実践せんとするべき存在です。だから、真善美に興味の無い、知を愛する哲学の精神の無い人間は絶対に政治家になどなってはならないわけです。

では、「真善美を愛し、知りたい」と考える人物とは誰かというと、ソクラテス・プラトンは、そのような人間こそが「哲人」、すなわち、真の哲学者なのだと定義しています。これが世に言う、**哲人統治説**、と呼ばれるものです。

つまり、政治をなすべきは、真善美を愛し、それを実践したいと考える「哲人」であり、真善美になど興味関心を持たない俗物は、政治に手を出してはならないと論じたのです。

したがって、今日の日本の政治を巡る状況は、プラトン・ソクラテスの政治の哲学の王道から言えば、邪道中の邪道な状況にある、というわけです。

ただし、今の日本だけではなく、昔のギリシャにおいてすら、政治に伴う「権力」に目がくらんで、哲人とはほど遠い俗物が政治の世界には、うじゃうじゃと蔓延《はびこ》ってしまうのが実態。だから、真善美を愛する哲人は、そんな俗物だらけの政治になど、本来興味や関心を持たないのです。しかし、そうした哲人は真善美を愛する存在であるからこそ、そうした俗物だらけの政治を正しい方向に向けて変えることこそが「善」であり、「真」の政治の姿であると認識してしまいます。したがって、そういう哲人は、政治が俗物化すればするほどに、その政治の世界に身を投じざるを得ない、と考えるようになるのです。

だからこそ、真の哲人は、俗物まみれの政治が嫌で嫌で仕方ないのだけど「万やむを得ず」政治の世界に赴くことになるのです。

全ての人々が政治に関わるべき

藤井 「政治の哲学」とは何かを丁寧に解説いたしましたが、以上のお話を踏まえつつ、「参政党」という党名の意味を考えていきたいと思います。

まず、参政党を「参」と「政」と「党」に分けて、「党」というものから考えますと、これは英語で言えば「パーティー」(party) となります。パーティーの語源はパート（part）であり、つまり「全体の一部」という意味です。例えば、日本という国家全体の中の特定の一部を指すものなのですね。神谷家という家族も、京都大学という学校も日本国家の一部ですし、新日鉄やトヨタといった企業も日本の一部、首相官邸や日本政府も日本の中の一部の組織、パーティーです。

そして、参政党の場合は「党」の中でも政治に関する「政党」ですが、「政治」のために作られた、つまり特定の政治的な考え方を共有するものとして作られた、その国全体の中の「一部の集団」だということになります。だから、政党という存在そのものが、自分たちの教えを絶対とする宗教集団とは異なり、多様な意見があることを前提としているわけで、したがって必然的に、国会や会議の場で**「議論を重ねる」ことを促すことを前提としている**のです。

一方で、「参政党」の**「参」は参加、参与で、関わる**という意味です。英語だと「コミットメント」です。私は2018年まで内閣官房参与に任命されていましたが、参与とは内閣官房の政、行政に関わるという仕事でした。

ですから、「参政党」という党名は「**政に参画する党**」という意味になります。こう考えれば、参政党という名前は至って当たり前の、「**政治に参加しましょう**」というメッセージだけが含まれた、政党名として必要最小限の情報しか含まないものと言うことができます。

しかし、今の日本の政治の状況は、この必要最小限の条件ですら満たされていない、という情けない状況であると言えるように思います。

本来の民主政治、民主政体とは、人々が自分自身に関する政策を決めるというものであり、国民が好むと好まざるとに関わらず全員が政治に参加して考える必要がある政体です。ところが、今の日本の政治は、国民全員が参加している状態ではなく、したがって、民主政体として機能していないという問題があります。

神谷　選挙の投票率を見れば、国民の半分以上が政治に参加していないどころか、あまり興味がないという事実が分かります。それもそのはずで、政治に関わるプロセスや各政党の歴史や理念などを教わる機会が教育の中に全くないからです。

藤井　多くの人が投票所に赴《おもむ》きませんし、ましてや政党に参加する人は非常に珍しい。サラリーマンの昼食時の会話や、学校のクラスの休み時間の会話で政治の話をすると、変な人と見なされがちです。民主政体とは皆が政治に関わる状態を指しますが、現代の日本では多くの人が関わっていません。これは、日本の政治における極めて深刻な問題です。

私の参政党に対するイメージは、改めて政治に関わろうとしている人々の集団というものです。

すでに指摘したように、「参政党」という言葉そのものが、「参」画していない人々を「政」治に巻き込んでいく政「党」なわけですから、その党名に党勢拡大をしてゆくというミッションが明確に含まれていますよね。

ただし、本来は参政党のみならず、全ての政党が党員を増やして、自党の考えを広めていこうと努力する義務なり責務があるはずです。

神谷　既存の政党は、政治活動を一般化するための努力を怠《おこた》っているように思えます。あれをやります、これを無償化しますと利益誘導ばかりを訴えていて、なぜ政治を皆でやらなければいけないかという根本的な部分を、どの政党もしっかりと訴えていません。

藤井　そうですね。党員の囲い込みに重点を置いて、世論への拡大が軽んじられている側面はありますね。一方で参政党の場合、「政の哲学」をベースにして基本的理念を同一にして、一体何が「真善美なのか」の答えを予め決めず、「真善美を追求しましょう」という「姿勢」を明確にして、その上で、そうした「姿勢」を持つ人々を拡大していこうとする運動体だと考えることができるでしょう。分かりやすく言うなら、**本当に良い政治とは何かを幅広く柔軟に考え続けて、実践し続けよう、という姿勢を持った人々をどんどん増やしていくのが、参政党、という言葉から読み取れる党のミッションだと言い代えることができると思います。**

ですから、参政党の出発点は、ここまで話した「政の哲学」をまず、皆で共有してから議論を始めるべきだと思います。しかし、それは何も参政党という一部の政党のみが共有するべき理念ではなく、あらゆる政党が共有すべき姿勢なのだと思います。問題なのは、そういう姿勢を持っていない政党が多いという現状なわけです。

いずれにしても、そうした真摯《しんし》で真面目で、当たり前の政治に対する態度があれば、現在の日本政府の政治は完全に間違っているというのを、あらゆる角度から理解できることになるでしょう。それは第1章でいくつか指摘した通りです。しかも本来、そういう日本政府の問題を指摘して、批判し続ける役割を持つ野党も、適切な批判ができていない駄目な状態にある。

神谷　野党の議論は、根本的にずれているのです。

藤井　そういう意味で言うと、野党が行なっているのは、ここまでお話ししてきた「まつりごと」の「政治」だとは言い難い。彼らの間で今横行しているのは、真善美の追求という本分を忘れ、自己利益の拡大と言われても仕方の無いものに大半が支配されているように見えます。もちろん一方で、与党の政治も「まつりごと」とはかけ離れた取り組みが繰り返されている。

そのような、真善美の追求という、すなわち、本当に国と国民のために必要な政治の追求という、あたりまえの「まつりごと」が、あらかた忘れ去られてしまっている現在の与野党の状況の中では、当たり前の〝まつりごと〟、すなわち当たり前の政治を普通に行なおうとするために、わざわざ新たな〝パーティー〟を形成せざるを得なくなっているのだと思います。誠に情けない日本の政治状況ですが、それこそが今の日本の現実なのですから、まずはそこからしか、日本の政治の再生は始められないわけです。政治というのは権力の追求や私利私欲、名誉欲の最高峰などではない、あくまでも、国と国民のために幅広く、かつ柔軟に考えて、なすべき政治とは何か、善とは何かを真摯に追求し続ける営みなのだ、という当たり前の常識を取り戻すところからしか、今の日本の政治の再生はあり得ないわけです。

神谷　こういった政治の根本的な話を学校でも教えない、いや、学校の先生たちも知らないし、テレビでも配信されません。国民を責めるのも、野党を責めるのも実は間違いで、こういったことを学ぶ場所から作らないといけないのでしょう。

藤井　この書籍を読んで、「政」（まつりごと）の定義を初めて知った方は少なくないのではないかと思います。

神谷　まさにそういう状況であるからこそ、今の日本人は本当に危ないと思います。それは特定の人物を指すのではなく、多くの人の心が荒れているのです。藤井先生が言われる通り、人の心を治めていかないといけないのに、日本政府には治める気がありません。むしろ「もっと人々が混乱すれば、俺たちは好き勝手できる」と、考えている節があります。国民を思考停止させて、都合の良い方に誘導していこうというやり方が散見されます。

藤井　おっしゃる通りです。今やもう、与党も野党も、スローガンを使いながら場当たり的に人々の人気を集めるだけの、下劣としか言いようがない政治が行なわれているわけです。その結果、本当にやらなくてはならない物事がおざなりにされており、日本という国は滅びに近づいている状況にあります。誠に残念です……。

ちなみに政とは中国で生まれた言葉ですが、その中国では古来より三国志時代、春秋戦国時代と、様々な国が誕生しては滅亡するという歴史が繰り返されています。唐や元といった巨大帝国も滅びました。中国の歴史は国家の栄枯盛衰《えいこせいすい》を描いています。中国の歴史から判明する一番重要な事実は、**本当の意味での「政」（まつりごと）がなくなると必ず国は滅びる**ということです。その意味において、今の日本が「**滅びの途上**」にあるというのは、歴史的常識から言って、誰も否定出来ない真実、なのですね。とても残念ですが。政治が復活しない限り、絶対に日本には未来がありません。

神谷　日本を取り戻すには、まずあるべき政治を取り戻すところから始めないといけないということになりますね。

藤井　一口に政治と言うと難解なイメージを持たれる方もいるでしょうが、プラトンの対話篇『国家』の論理の構造によると、「人間の人格」と「国家」はスケールこそ違うが本質は同じだと論じられています。この理論を、難しい言葉を使うと「国家有機体説」と言うのですが、とにかく、「一人の人間」と「一つの国家」は、同じような存在なのです。

そして、「国家における政治」とは、「人間における理性」に対応します。当たり前ですが、理性が失われてしまえば、私たちの人生は無茶苦茶になりますよね。身の安全を守らなくなるから、すぐに交通事故で死んだり崖から落ちたりして死んでしまう。そのような難を逃れることができたとしても、約束も守らないし、すぐに目先の刺激に反応して、あらゆる社会活動が行なえなくなって、この社会の中で生きていけなくなる。

それと同じように、国家から、国家の理性たる政治が混乱し、消滅してしまえば、その国家は必ず滅びるのです。だから、今何よりも求められているのは、日本国民の「参政」なのであって、それなくして日本は存続できなくなるのです。皆が参政しなければその国家の政治が蒸発して、理性が失われてしまうからです。いわば「参政」という運動は、日本という国家に理性を取り戻そうとする運動なのです。

神谷　前著の『政の哲学』のおさらいのような内容ですね。

藤井　そうですね、以上のお話は、まさに前著のおさらい、です。でも今回はこれに、

「参政」、つまり、国民が政治に参加していくことの必要不可欠性も織り交ぜながらのお話になりましたね。

人々の生活を救う減税対策：日本の『民《たみ》の竈《かまど》』の思想

神谷　次に、国家の税金問題について語りましょう。僕たち参政党は、増税には反対の立場です。

藤井　税金は国家や政府を運営していくためには絶対に必要なものです。これなくして政府というものは成立しなくなります。政府が全く税金を取らなければ、政府の言うことを誰も聞かなくなってしまいます。政府が国民から税を取って、政府が国民に対してその税に見合う仕事を行なうからこそ、国民は政府に対して権威を感ずることになるのです。

だから、税金が政府の財源なのかどうかについては色々議論があるのですが、少なくとも政府が全く税金を取らなければ政府は活動できなくなる、というのは真実です。しかも、政府が支出ばかり行なって税金を一切取らないようになれば、世間にお金が出回りすぎて、超インフレになってしまいます。だからその意味でも、税金を取ることは必要なのです。しかし、だからといって、税金がどれだけ高くてもいい、という事には絶対なりません。

日本には昔から「三公七民」「四公六民」という言葉がありますが、これは、民の収入の内、三公七民の場合、国民の収益から政府側に30％納めて、国民側に70％が残る、という税制を意味しています。四公六民なら政府側に40％、国民側に60％です。

当然ですが、「ゼロ公十民」という税金ゼロ状況では政府は成り立たなくなります。一方で、「十公ゼロ民」ならば国民の自由な活動は全くできなくなってしまいます。だから、税金というものは「バランス」が大切なのです。

現在の増税論とは、「公」の割合を増やして「民」の割合を減らそうとする話です。そのような話を繰り返してきたものですから、現在の日本国民の平均的な税の負担率

（一般に、社会保障も含めた国民負担率と言われる割合）は48％程度ですが、潜在的な負担率は55％に達していると推測されています。現時点の税制は、政府が長きにわたって増税を繰り返すものですから「五公五民」、潜在的要素を加えると「四公六民」という状態に至ってしまっているのです。明らかに国民の負担が過大になっています。それにも関わらず、岸田政権は今、増税の議論を加速させています。こうした増税路線が、さらに進められて、今後、さらに国民の税金負担率が上昇すると、封建時代にお殿様から搾取され続けていた江戸時代の農民たちのように、国民の勤労意欲はどんどん失われてゆくことは確実です。

神谷　この40年間で国民負担率が倍ほどに膨れ上がってしまい、これからも増加の一途となる見込みです。昔なら一揆が起きてもおかしくないような状況になってきています。

藤井　まったくおっしゃる通りです。極論すると、国全体が貧しくなれば、子供たちが痩《や》せ細って飢え死にしたり、親が娘を売り飛ばさなくてはならないような状況になり、人々の心は、ますます荒れてゆきます。そのような状況を生み出さないために、政府は常に、国民の税の負担率が適切なのかどうか、過大なのか過小なのかを見極め、調整し続ける必要があるのです。そして今、誰もが理解しているように経済が大変に厳しい状況にあり、賃金が全く上がらず、貧困が蔓延る状況となってきている。しかも海外の輸入品は値上がりしているというスタグフレーション状態であり、国民の生活は非常に苦しくなっています。だから、このタイミングでは税の負担率を「下げる」ことが絶対に必要なのです。

細かい話をすると、法人税など、この状況下でも上げた方が良い項目はあるのですが、税の負担率（国民負担率）という視点で言うなら、今の日本で成すべきは、その負担率を下げる減税一択なのです。

そもそも、政府という組織は国民に支えられているのですから、民が破綻すると政府も倒れてしまいます。このまま増税路線を政府が進めていけば、民が破綻し、政府自身も破綻するわけですから、増税路線をひた走る岸田政権は、自殺行為を行なっているわけです。彼らはそれに気が付いていないのでしょう。というより、それ以前に、日本政府に「政」と「治」のマインドがあるとすれば、国民の安寧《あんねい》を実現するための政策を行なうはずです。それにも関わらず、それと正反対の税の負担率を上げようとし続ける現在の日本政府は、極道、あるいは半グレ以上の真っ黒グレのようなマインドを持っているようにすら思います。

では、本来政府が持つべき「まつりごとを通して民を治める〝政治〟」の基本的な思想というものはどういうものなのか、これを一番分かりやすく説明しているのが、『民《たみ》の竈《かまど》』の物語です。

神谷　仁徳天皇にまつわる物語ですね。僕もよく参政党の皆さんに語っています。

藤井　そうです。大阪府の堺市には、仁徳天皇が眠る前方後円墳があります。仁徳天皇が即位していた時期、御所の高台に登って街を見わたすと、夕食時なのに民家の竈から煙が立っていませんでした。仁徳天皇が家臣に理由を尋ねると、「民は貧しく苦しんでいます」と、家臣は答えました。

それは良くない、税金負担率が高いから民が苦しんでいる、このままでは民は滅んでしまうと考えた仁徳天皇は3年間の減税を命じました。税金を納めたいという人が現れても断るという状態で、その後は減税どころか徴税禁止、納税禁止という状態になり、ついには完全に税金を廃止したのです。その時期の仁徳天皇自身は収益を失ったため、蓄財を食いつぶして生活していました。当然ながら、自身が暮らす御所も朽ちていったのですが、3年が経過して、御所の高台から街を見渡すと民が竈で火を焚いていたので、徴税を再開しました。その際、皇后が仁徳天皇に徴税を一旦中止した理由を尋ねたところ、「政の基本は民である。民が富まねば天子である私も富んだことにはならぬ」と答えたそうです。仁徳天皇の思想は、政治家としては当然のものと言えます。

神谷　国の主は民であり、天皇も為政者も民を安んじるのが使命であるというのが、日本の伝統的な考え方ですからね。民があっての国であるというのが、日本の名君全員が言い残していることです。

藤井　当然ながら、当時の大和朝廷は税収がない期間に困窮《こんきゅう》したのですが、それは民と苦しみを共有したわけです。朝廷が苦しんだ分、民が豊かになり、税金を納めるのが可能となりました。むしろ3年間納税を禁止していたため、徴税を再開した途端《とたん》、莫大なお金が集まって、朝廷は一気に豊かな状態に戻ったそうです。現代のクラウドファンディングのようなお話ですね。

神谷　民が仁徳天皇に感謝して、積極的に税を支払った結果として、莫大なお金が集まったのでしょう。

藤井　国家経済の主人公はあくまでも国民であり、政府はそのサポーターでありCPU（頭脳）です。ですから国民が貧困化すれば、国家経済は必然的に痩せ衰えて、政府活動もできなくなる。国民の貧困化を放置していると必ず政府も貧しくなる。長期的な視点で考えると、国民が豊かにならなければ、政府は存続できない。言うなれば、政府は国民から税金を徴収して成り立つという寄生虫的な存在なのです。ただし、政府は国家にとって大変に価値ある寄生虫になり得る存在で、本来の「政の哲学」を行う政府なら、寄生した国民から搾取《さくしゅ》するのではなく、民に富を与えて豊かにするための理性を持った「善のマネージメント寄生」を行ないうる存在なのです。そして、それこそが、政の哲学の基本理念です。

しかし、現在は本当の寄生虫、まるでサナダムシのような害悪を宿主にもたらすような状況にあります。「政の哲学」を全く持たず、単に国民国家に寄生して美味い汁を吸おうとするような悪徳政治家が蔓延ってしまっています。

その典型が、この現状において増税論を提唱するような政治家たちです。彼らの精神は『民の竈』の精神とは真逆の代物なのです。無論、彼らの多くは吸い上げた税金を直接ポケットに入れているわけではないでしょう。そうすることが「国民の為に必要な政府」を維持するために必要だと思っているのでしょうが、そうやって多くの金を国民から吸い上げて、自らの地位を保障する政府の中で生きていこうとしている、という意味で、結局は「悪徳寄生虫」な存在であることには代わりはありません。

だから、経済成長する上で最悪の手段となる消費税率の引き上げを唱えるような政治家、ないしは政党は、全く信用できないのです。日本には様々な政党が存在し、政党に所属する政治家の中には減税派も増税派もいるとは思いますが、税金について考える際は、ぜひ『民の竈』の物語の基本精神を思い出していただきたいと思います。

神谷　『民の竈』の話は、中学生でも小学生でも理解できると思います。増税・減税の仕組みが学べますので、子供たちは、このような話を読んで政治に関心を持ってもらいたいです。

藤井　いきなり国民負担率の説明を行なうと理解しづらい面がありますが、皆が学校の歴史の授業で学んでいる「四公六民」の話を引き合いに出せば、誰でも理解可能でしょう。増税・減税について理解していない人が大勢いるのは、永田町の国会議員や霞が関の官僚たちから、本当に真善美を追求しようとする政の心が消滅してしまっているからです。今は本当の政治を取り戻すことが大事です。

減税を実施する場合、まずは法人を重視する必要があるので、法人税を最初に下げようという提案、まずは消費税を下げようという提案、所得の再分配の問題から所得税の割合を変更しようとするなど、様々な意見が飛び交うかもしれません。その場合、国会で各党や各派閥が議論を行なえば良いと思います。日本の政治も、各政党が同じ方向を向きながら、アプローチの違いで議論ができるような状況が、一刻も早く現実化してほしいと思っています。

神谷　この3年のコロナ政策でも湯水のようにお金を使いながら、その効果などは全く検証されていません。補正予算なども使途が曖昧のまま議会を通っていきます。政府が簡単にお金を使いすぎなのです。当然予算が足りなくなりますから、増税の話ばかりが唱えられます。使った予算で国民が豊かになって所得が上がっているなら、増税の話も良いでしょう。しかし、支出の多くがムダ金なのです。なぜなら、国民は貧しくなっているからです。まず今やるべきことは、支出と効果の検証をしっかりと行ない、ムダ金を使うと判断した人間に責任を取らせることです。それを全く行なわないから、どんどん無駄な支出が増えて、税金が上がるわけです。

今の日本には仁徳天皇のような政治家がいないので、多くの国民が政治に参加して、国民の総意で『民の竈』を実現したいです。

藤井　本当に神谷さんが言われる通りです。税を考える上で一番大切なのは、今の国民の活力を鑑《かんが》みて、その負担率が重すぎるのか軽すぎるのかを見極め、必要に応じて適切な水準に調整すべきだ、という『民の竈』の精神であり、それこそが、税に関する「まつりごと」の哲学の基本なのです。にも関わらず多くの政治家がこの一点を見失っている。だから少なくとも、この書籍を読んでいる方は、税金を議論する上で何が一番大切なのか、その基本を正しくご理解いただけたのではないかと思います。

日本は「独立国」ではない……という、不都合な真実

神谷　次は安全保障、国防についての藤井先生の見解をお聞きしたいです。

藤井　現在、岸田総理が増税を提唱している理由は、防衛費を増額して日本の防衛力をアップさせることが必要だ、というものです。そのためには税金が必要なので、国

民に負担をしてもらわなくてはならないという話です。要するに、日本の安全保障のために増税が唱えられているのです。

国家が安全保障を行なう必要があるのは、「安全は保障されていないと困るから」というのが一番簡単な説明です。安全がなければ、文化芸術活動は言うに及ばず、社会活動も経済活動も、さらには政治活動すら、何もかもできなくなるのですから、安全保障が大切なのは当たり前のことですよね。

そして、その安全保障について今の日本では、国家の安全を保つためには、アメリカに媚《こ》びて中国や北朝鮮の勢力から守ってもらえばいいじゃないか、という意見が趨《すう》勢《せい》なのです。ですが、それはアメリカの奴隷になるという意味ですから、本来、避けねばならない議論なのです。奴隷になるということは定義上、あらゆる自由を放棄することだからです。そして、あらゆる自由を放棄するということは、最終的には、「奴隷になって安全保障してもらう自由」すら放棄することになるからです。奴隷は搾取されるだけ搾取された後は、最終的に見捨てられることになるのが定石です。

だから、現在の日本にとって本当に目指すべき目標は**自主独立**であり、自主独立を行なうためには自分の力で国家の安全保障を確保し続ける姿勢が必要となります。参政党の綱領にも、自主独立が重要な項目として記されていますよね。

神谷　国家が自主独立を目指すのは、当然ではないでしょうか。そうではないと、本当の意味での自由や権利は手に入らないはずです。ところが、今の日本はアメリカの奴隷のような状態を、甘んじて受け入れている。

藤井　この点が理解できない人も多く、独立せずにアメリカや中国の傘下に入ってしまえば良いと考える風潮が日本には濃密にあります。

しかし、これは異常な国民世論です。どの外国でも、国家は独立するのが当たり前なので、そのような日本人の考えを理解できる外国など、どこにもないでしょう。なぜなら、ある国が別の国を、自らの国家の命運を賭して守り抜くということは絶対にあるはずなどないからです。アメリカがどれだけ日本を守ると約束していたとしても、少しでもアメリカにとってヤバイことがあれば、日本なんて見捨てて逃げてしまうなど当たり前の話です。

ところが、大東亜戦争以後、日本は事実上アメリカの植民地状態になっているので、奴隷根性、植民地根性が染みついていて、そういった常識を見失っているのです。だから「自主独立が当然必要なんですよ」という事実や、それ以前に「日本は自主独立なんて全然できていないのですよ。だって自前の軍隊を持ってないのですから」ということが全く理解できないという人が、たくさんおられるのが日本の実情です。

でも、それは政府としては公明正大には認めたくない真実です。いわば日本が独立国ではないという真実は、**「不都合な真実」**なのです。だから世間ではそんな真実は隠蔽されている。だから、僕も子供のころは、そういうことが全く理解できていなかったと思います。

国家の独立が必要なのは、〝リバティ〟（善を実現する自由）のためである

繰り返しますが、国家の自主独立が必要な理由は、人間は奴隷状態だと満足できないからです。一番分かりやすい例を挙げると、家畜は与えられる限り際限なく餌を食べ続けられますが、その代わり、彼らに決定的に欠落しているものがある。それが「自由」です。

例えば、アニメ『進撃の巨人』（ウィットスタジオ）の主題歌『紅蓮の弓矢』（Linked Horizon）の一節に『家畜の安寧　虚偽の繁栄　死せる餓狼の「自由」を！』という歌詞がありますが、この場合の「自由」とは、英語の「フリーダム」ではなく、「リバティ」の概念なのです。フリーダムとは、嫌いなものを食べるのを拒否するなど、何者にも妨害されないという意味での自由であるのに対し、リバティとは「真や善や美、あるいは良いものに近づいてゆくための自由」を意味します。つまり、フリーダムは「悪いものから逃れられる、ネガティブな自由」であり、リバティは「善

いものを追求するポジティブな自由」を意味します。だから、フリーダムは家畜であろうが追求できるのですが、リバティは真善美を理解する理性を持つ存在にしか持てない自由なのです。

言い方を変えると、自分が正しい、やるべきだと思った物事を実現するための自由がリバティです。だから、「政の哲学」を携《たずさ》えた国家には、このリバティが絶対必要なのです。それなくしては、「まつりごと」を通して実現しようとしている「善」なり何なりが、実現できなくなるのですから、当たり前です。だから、政の哲学に基づく国家を考える上で、絶対に必要なのがリバティという意味での自由なのです。そして、その自由を確保するために絶対の絶対に必要なのが「自主独立」なのです。だから、日本が日本の善を、国民、国家、そして世界に向けて実現し続けるためにこそ、自主独立が絶対必要なのです。

例えば、自由な人物であれば、社会貢献を行ないたい、自然環境を良くしたい、国民を豊かにしたい、防災活動を行ないたい、科学技術や医療技術を発展させたいなど、様々な願望を持ち、それを実現しようとします。それに対して、奴隷や家畜の状態では、餌を与えられるのみなので、何も実現できません。人間は食べ物を摂取するだけではなく、心の中にある理想や正義、実現したいという欲望や嗜好性《しこうせい》といった想いがあるのです。その想いを信じられるかどうかが大切なのです。

神谷　その通りです。日本人には自由「リバティ」がないし、最近は「フリーダム」も侵されているように感じます。ですから精神を病む人が増えているのです。皆さんは気付いてはいないと思いますが、国が病んでいるので、国民の心も病んでいくのだと私は感じていました。

藤井　政治は政で真善美につながる行為、想い、祈りだと説明しましたが、それを実行するためには自主独立が必要なのです。だから、政の政治を行なうためには自主独立の状態であるというのが前提条件となります。仮に自分が住む国家が植民地で良いと思った瞬間、政治に参加する権利は不要となります。植民地国家には参政党を作ろうだとか、そのメンバーになろうだとかいう気概《きがい》なんて全く不要なわけです、植民地には政治を行なう自由も権利も何もかもが剥奪されているのですから、当たり前です。

神谷　今の日本で、まともな政治が行なわれていない理由が見えてきましたね。

藤井　政治が必要とは、イコール独立が必要という意味なのです。ですから「参政」、政治に関わる以上、それは独立すると言っているに等しいのです。独立せずに政治を行なうのは不可能なので、政治を行ないたいと思った瞬間に独立しなくてはならなくなるのです。

現在の日本は、日米地位協定を要因としてアメリカに対して従属的、隷属的になっています。最近では、中国の巨大資本によって様々な国内資本が買収されて、日本人自体が奴隷的、ブラック企業的に使われてしまうような状況となっており、日本人が日本人として、日本の国土を活用したいという正しい想いが実現不可能な状況になりつつあります。

今の日本は、アメリカのＧＡＦＡ（グーグル、アップル、フェイスブック、アマゾン）や中国のＢＡＴＨ（バイドゥ、アリババ、テンセント、ファーウェイ）といったグローバル資本による支配を受けて、やるべき物事ができない状況に立ち至っていますから、現状からの脱却が必要なのです。経済成長が必要なのも独立が必要だからです。貧乏ではやりたいこと、やるべきことがどんどんできなくなっていくからです。この「独立不羈《どくりつふき》」の思想こそが、政治を行なう上での基本中の基本なのであって、自主独立を目指さないのは政治に興味がないのと同じなのです。

国家の独立のために、食糧やエネルギーの自給率を上げるべきである

神谷　政府与党の議員の中にも、アメリカが弱体化しているから今度は中国だと考える人がいます。それは、単にご主人様を替える行為に過ぎません。彼らには独立自尊という感覚はないのでしょう。よって国民に「参政」してもらおうというような気持ちもありません。「由らしむべし知らしむべからず」で自分たちだけで物事を進めていこうという感覚なのでしょう。

藤井　ホントに今、そういう風潮がでてきましたね。情けないこと、この上ない。さらに、与党内には、日本の食料自給率を下げて、代わりに自動車の輸出量を増やそうと提唱する人物がいます。かつて１００％だった日本の食料自給率は、現在では37％前後にまで落ちています。穀物、農産品、魚介類全ての食料品が不足しているのです。当然、昔はエネルギー自給率も１００％でしたが、近代化によってエネルギー消費量が増加するのはやむを得ないとはいえ、輸入依存率も年々上昇しています。しかも、現在の日本は、ほとんどエネルギーを生産していません。結局、日本は依存状態なので、ある意味自由がない状態です。

『紅蓮の弓矢』で歌われる『死せる餓狼の自由』を目指すためには、食料自給率もエネルギー自給率も１００％を目指すのは当然です。ただ、あくまでも１００％を「目指す」というのが大切であり、実現が必須というわけではないのです。貿易を行なう場合、外国側には日本から購入できなければ困るような製品を売って、同等の価値のものを外国から輸入するといった安定的な外交関係が継続するのならば、自給率はある程度下げても良いでしょう。とにかく、外国を全面的には信用できません。

神谷　参政党もそこを強く訴えています。食料とエネルギーの自給なくして国の自立はあり得ません。世界の国々の常識だと思っています。非常時に自国民の分を削って日本に物を分けてくれる国など存在しないわけですから。

藤井　ホントにそうです。外国は全面的に信頼できないというのは、我々が持つべき基本認識であるべきです。それは大人の国家として当然の態度です。しかし、ある程度信頼できる国ならば適切な外交関係を築くために、抑制的に貿易を行なっていくのは良いと思います。しかし、食料とエネルギーに関しては、基本的に自給率100％を目指すべきです。

神谷　統計の取り方にもよりますが、藤井先生が言われたように、現在の日本の食料自給率は37％、エネルギー自給率は10％程度です。

藤井　このような事実を前提とした上で、原子力発電所を再稼働する必要があると提案する方もいます。一方で、原発のネガティブな面を理由に、いますぐ廃止するべきだと主張する人もいます。

この原発を巡る議論については、実に様々な議論が必要となりますが、少なくとも1つだけ、原発廃止という結論を唱える方に申し上げたいのは、その結論を出す前に、まずは日本の自主独立が大切であるという前提を知り、その上で、原発廃止を主張できるか考えてもらいたい、という点。それでもなお原発廃止という意見もあるのかもしれませんが、日本の自主独立の重要性を無視して、短絡的に原発廃止を唱えることだけはやめるべきだということは言わねばなりません。

長期政権化が自民党の堕落をもたらした

神谷　そこなのですよ。参政党も国民の安全のために、大型原発の新規増設などには慎重な立場です。しかし、今ある原発などは稼働させなければ、エネルギーが不足して、ますますコストが上がってしまいます。つまり、外国からエネルギー資源を高値で買い続けなければならず、国民の資産が失われていくわけです。それでは目先の安全は確保できたとしても、将来的にはジリ貧になり安全が維持できないのです。やはり「リバティ」を考えるときに食料とエネルギーの話は外せません。そう考えると自由民主党の「自由」は「リバティ」を当てていますが、羊頭狗肉になってしまっている感が否めません。

藤井　自民党というのは本来「自由民主党」であって、自由を理念に掲げているはずなのに、自主独立の気概を捨て去るのなら、そのような自由という言葉は中身のないペラペラな言葉になってしまいます。昔、ギターを持ちながら「自由だ〜！」と、ネタで叫んでいた、お笑い芸人の犬井ヒロシ（サバンナ・高橋茂雄）のギャグと、ほとんど一緒になってしまいますね（笑）。

神谷　自民党の皆さんには党名の意味をもう一度考えてもらい、政策を見直してもらいたいのです。これは皮肉ではなくて、政権与党に対する一国民としての願いです。

藤井　1955年作成の自民党の綱領に「現行憲法の自主的改正をはかり、また占領諸法制を再検討し、国情に即してこれが改廃を行う。」「駐留外国軍隊の撤退に備える。」と書いてあります。当時はリバティを目指していたのです。しかし、2010年に作成された現代版綱領には「日米安全保障条約を基本に」と記載されています。私はそれを読むたびに、「日本が奴隷状態で良いのか？」という気持ちになります。今日においては「自主独立を目指す」という記述に改善するべきではないでしょうか。

神谷　僕たちが選挙活動で自民党王国の県に赴いた際、「参政党はどんな党か？」と質問されるたびに、**「本来自民党が掲げた綱領を行なおうと思って作った党です」**と答えると、年配の方々にも理解してもらえます。年配者の多くは、以前は自民党を応援していたが、現在は違うという感じでした。

藤井　55年体制直後の自民党は国民のための政党でした。当時も様々な問題があったかもしれませんが、今よりもはるかに国民向けの政策を実施しており、所得倍増、列島改造、高度経済成長も成し遂げました。そのような政党が主導してオリンピックや万博が開催されたので、国民は大いに盛り上がったのです。

神谷　僕も1980年代までの自民党は良い政党だったと考えています。いつ頃からリバティを追求しなくなってしまったのでしょうか。

藤井　1990年代から、アメリカやグローバル資本に対して過剰に忖度《そんたく》するようになり、長期間政権を獲得した結果、腐敗（コラプション）が進行して、「堕落」してしまっているのです。立派な志を持った先生たちもおられるとは思いますが、党全体として、平均的にそうなってしまっている。これは日本特有の問題ではなく、政治学的に見て長期政権は必ず堕落する、という傾向があるのです。政党は、腐敗の要因を浄化できるシステムを持っているというのが非常に大切です。

自民党は各派閥が存在し、昔はその派閥間の激しい闘争があったおかげで、それが浄化作用をもたらしていたのですが、現在は機能しなくなってしまいました。私自身は、自民党に昔の姿を取り戻してほしいと思っているのですが……。

神谷　派閥が機能しなくなった理由は、総選挙への小選挙区制の導入が要因だと思います。個人的には昔のように中選挙区に戻して、自民党は公明党との連立を解消して、再び派閥を強化して、党内で侃侃諤諤《かんかんがくがく》の議論をしてもらいたいです。参政党もがんばりますが、ゼロから作っているので、いかんせん時間がかかる。日本には時間がありません。日本を早くまともな状態に戻すには、自民党が立ち直り、国民の側に立って政治を行なってもらうのが最善の方法だと思っています。

藤井　そうなれば、自民党内部でダイナミズムが生まれて、必ず浄化されます。現在でも安倍派を中心とした積極財政派と、岸田総理が所属する「宏池会」らに象徴される緊縮財政派とのバランスが取れて、一定程度の緊張感が生まれるのが、良い状態なのですが、安倍元総理が死去した結果、パワーバランスが変わって、再び腐敗が横行する状況になりつつあります。増税ラッシュが続いているのが、その証拠です。

政党が腐敗すると、上手く立ち回って自分の利益だけを得ようとする政治屋が出てくるので、当然、日本の自主独立が難しくなります。そのような状況は、絶対に阻止するべきです。

神谷　安全保障と国防の話でしたが、自主独立とリバティの話に流れて、現在の自民党の在り方を問う話になりました。外患よりも内憂にこそ、国まもりのポイントがあるという藤井先生のお考えもよくわかりました。

藤井　現代の自民党に政治の哲学が希薄化していき、その結果、日本は没落してしまったという話です。自主独立こそが安全保障の根幹であり、それを理解している人間は、食料、エネルギー問題についても真剣に議論をすることが可能です。

神谷　日本の安全保障を考える際は、増税して大量のミサイルを買えば良いという単純な話ではないということを国民の皆様に理解してもらいたいです。

コロナ自粛によって、組織力が弱体化し、弱肉強食が加速した

神谷　コロナウイルス禍に関する持論や経済に対する影響について、どうお考えなのですか。

藤井　２０２０年からの3年間、日本の政治はコロナ対策を軸に回り、コロナ対策に引きずられて混乱しました。コロナウイルスに感染すると莫大なリスクが発生するので、感染拡大してはならないから皆で自粛をしましょうと言われ続けてきました。多少経済状況が苦しくなるのはやむを得ず、経済がマイナスになった部分の何割かは政府の税制政策で捕おうという形になったのです。

しかし、コロナによる被害はそんな経済被害だけではない。人間はそもそも社会的動物ですから、コロナ自粛によって人と人が会えないという状況が継続すると、社会的、文化的、精神的、そして政治的に深刻な弊害が様々に発生していくのです。

一例を挙げると、認知症の高齢者が誰にも会わないと状態が進行・深刻化する可能性があります。外に出歩けないので足腰が弱くなっていく「フレイル」と呼ばれる状態になる場合もあるのです。交流の機会が減った子供たちの間でうつ病の発症や自殺が増加しました。

神谷　コロナ禍の3年間、あらゆる行事やイベントが中止になりました。県をまたぐことすら禁止行為と見なされて、政治活動で全国を飛び回る僕などは、すっかり非国民扱いで、親戚にも正月の挨拶《あいさつ》にすら来るなと言われる始末でした。お祭りや地域行事も中止になり、人と人との関わりが、ますます希薄になった3年でした。

藤井　私が勤務する大学でも自殺者が増加しました。マスクを常に着用している結果、恥ずかしくて人前で素顔をさらすのを嫌がる子供が大量に出現しています。人間は言葉だけでなく顔や表情を見ながらコミュニケーションを取るので、素顔を見せないとコミュニケーションに障害が出てきます。

神谷　素顔が見えないと、相手が何を考えているか分からないので不安が生じます。僕の娘はまだ1歳ですが、抱っこの時に妻がマスクをしていると必ず外そうとするのです。人の表情が見えないことで、本能的にストレスを感じるのでしょう。

藤井　これは、私が内閣官房参与として国土強靭化や財政拡大や防衛問題など非常に難しい問題に対応していた時に知った事実なのですが、財務省や外国など強大な勢力に対抗しなくてはならない時は、チームのスタッフ同士の想いを一体化させて、互いが仲の良い状態でなければ勝つのは叶いません。仲良くなるためには、スタッフ同士で会食する、喫茶店に行く、酒の席を共にするというのが、もの凄く重要な要素となります。参政党のメンバーも、そのような気持ちを持たなければ「オーガニゼーション」つまり「有機体化」していくことは難しいでしょう。

ところがコロナ自粛によって、チームが仲良くなるための活動が禁止となってしまいました。チームに一体感がないと、重要な行政項目は進行できません。仮にサッカーチームのメンバーたちが、互いに出会わずリモート練習のみを行なった上で試合に出場したとすれば、絶対に敗戦するでしょう。メンバー同士が直接出会って練習を行なわないと試合には勝てません。チーム内の連携が失われた結果、国内の各組織のパワーが軒並み弱ってしまった。その結果、もともと莫大な財力を有した暴力的な権力を持つ組織や人物の権力が圧倒的に優勢な状況になってしまいました。財力を持たず力の弱い人々は組織力で勝つしかないのです。

例えば「なでしこジャパン」（サッカー女子日本代表）の選手たちは、体力的には外国勢に劣る中、高いチーム力によってワールドカップ優勝を果たしました。コロナ自粛によってあらゆる組織のチーム力が弱体化した結果、弱肉強食化が進む結果となったのです。最近、あらゆる項目で増税が進められているのもそれが原因です。コロナ禍で霞ヶ関や永田町の各組織、各省庁のパワーが低下すれば、結局はカネを持っている財務省が相対的に強くなってしまうからです。

バランスを欠いたコロナ対策

藤井 さらにコロナ自粛の拡大によって、飲食店をはじめとしたあらゆる経済活動が停滞し、経済が冷え込んだ、というのは、周知の事実です。

神谷 コロナウイルスよりも、コロナ自粛によって被害を受けた人の方が、はるかに多いでしょう。

藤井 あえて経済の話を最後に持ってきた理由は、コロナ自粛による経済の低迷は何度も報道されて多くの人が知っているからです。実際には、コロナ自粛によって経済以外にも数多くの問題が発生しました。私たちが暮らす国や社会は、人と人との関わり合い、混じり合い、社交を様々な形で繰り返した上で営まれています。人の関わりを断つことによる弊害は経済に留まらず、あらゆる面で深刻なダメージを及ぼします。

仮にこの問題に関する議論が最初から日本の国会で行なわれて、国民も内閣も政府も厚労省も認識していたとすれば、過剰な自粛は行なわれなかったと思います。

たしかに、コロナ感染症によって人が死亡するのは悲しい事態であり、可能な限り被害を抑さえ込むよう対処するべきですが、人間はコロナウイルス以外で死ぬこともあるのです。人間には命以外にも大切で失ってはならないものがあるのです。コロナ禍ではコロナで失われる命の価値が１００で、それ以外はもっと軽い、とでも考えているかのようなコロナ対策が過去３年以上にわたって強行され続けましたが、これほどの不埒《ふらち》はない、とすら言える蛮行だと思います。大切なものを失わないようにバランスの良い判断を下すための議論を、本来は行なうべきだったのです。

神谷　藤井先生は2020年から一貫して、そのことを訴えておられました。私も同感でしたので、コロナウイルスの危険性が大体把握できた頃から、僕は普段活動する範囲では極力自粛しないことを徹底していました。怒られ、顰蹙《ひんしゅく》も買いましたが、自粛しなかったことで僕の周囲で人が亡くなるということはなかったのです。むしろ適度な自粛の中で動き続けたことで、人間関係が強固になり、参政党や事業の拡大に繋がりました。そんな経験をした僕からすると、政府の指導による過剰な自粛は、本末転倒な結果に繋がったと見えています。

藤井　実際、イギリスではバランスの良い判断が行なわれました。前述にもあるように、今回のコロナ禍のイギリスでは全面的な自粛など多くの規制が実施されていたのですが、2021年の暮れにウイルスの毒性が低下したので、感染爆発も予想される一方で、規制を一斉解除するという政治決定を、当時のボリス・ジョンソン首相が下したのです。

ジョンソン首相の判断には、バランス感覚があります。なぜ、バランスを取るのが大事かというと、真善美を追求するのが哲学ですが、特定の美徳だけを実現して、他を無視するというのは正しくないからです。こちらの善と、あちらの善、どちらが大事かと比べられるようなものではないが、それでも判断しなくてはならない場合、どのように判断するのが正しいか真剣に考えます。家庭か仕事か、環境か開発か、どちらを選ぶかと悩みます。仕事のみ、開発のみを選ぶのはビジネス方面に割り切りすぎた考えであり、家庭のみ、環境のみを選ぶというのも良くない。どうすれば良いのかを判断することは、もちろん簡単なことではありませんが、**その難しい問題において、何が真実なのか、何が善なのか、どうすることが美しい振る舞いなのかを考え続けるのが、「まつりごと」すなわち政治の本質**なのです。

神谷　昨今の日本の政治はバランスを考えず、極端に１つの目的だけに固執しがちです。ＬＧＢＴの理解促進の法案なども、「差別はだめだ」の一点張りです。差別はしてはいけないのですが、それを法律に明記してしまうことで、別の権利が侵害される危険性を考慮していません。今回のコロナ禍対策も、「一方」に偏りすぎたという感じです。

藤井　一方だけを選ぶというのは正しくありません。かといって、1対9なら良いのかというと、そうでもありません。完全な正解など俄《にわか》には分からないし、そもそも存在しないかもしれない。そういった意味では、政治は、もの凄い逡巡《しゅんじゅん》、深い悩みをもたらすものです。

人によって様々な立場があるので、各々《おのおの》の話を聞いて議論しながら、何か1つの物事を決めていかなくてはなりません。

それこそが政治プロセスなのです。

そのプロセスに参加すると、こちらの意見も、あちらの意見も、「そうか」と納得する状態となります。何ヶ月も議論を続けた後に、「これくらいで、いってみようか」という結論に達することになる。神様の目から見た正解というものが一体何なのかも、あるいはそもそもそれがあるのかどうかも分からないとしても、**できる範囲であらゆる側面を考え尽くせば、考えることができたあらゆる選択肢の中で最も「ベター」な、**

「より適切」な結論というものが必ず出てきます。それを探ることこそが、政の哲学に裏打ちされた、現実的な議論です。

現在の日本は、このような政治プロセスが消滅していますから、「自粛したら良い」「緩和したら良い」と、短絡的な意見を唱える政治家が雨後の竹の子のように出てくるのです。

しかし、これは政治とは呼べません。

そして、今、政治とは呼べない話が横行してしまっているのが実情です。例えば当方は、自粛派と緩和派、双方の意見を受け入れ、バランスをとるべきだという主旨で「半自粛」という方針を提案しました。その結果、自粛派からは緩和しすぎだと罵倒されて、緩和派からは自粛しすぎだと批判されて、多くの仲間を失う結果となってしまいましたね。

神谷　政治家が短絡的判断を行なうのは、日本の学校教育の弊害だと感じています。テスト勉強では答えはいつも1つで、正しい答えがあるのだと、皆が錯覚を起こしているように感じるのです。

江戸時代の薩摩の郷中教育などでは、問答によるケーススタディを行い、必ずしも答えは1つではなく、求める結果が複数ある時は、その価値が衝突するので、その時その時の状況判断が大切だと教えていたのです。今の日本には、そのような教育がありませんから、政治家も官僚も正しそうな答えがあり、それに乗っかっていれば自分に責任が降りかからないと思うと、そこに安住してしまうのでしょう。

藤井　おっしゃる通りです。リアルな政治には塩梅が必要です。本当に悩んで政治を行なっている人は、絶対にその理論を理解しているはずです。ところが政治に参加していない人の場合、スローガンのみになる。コロナウイルスに関する一連の問題は、現在の日本政府や世論から政治が消滅しているという証拠の1つになっていると思います。

神谷　日本では、コロナ問題に対して熟成された議論が行なわれておらず、すでにウイルスの毒性も大幅に弱まっているのに、いまだに多くの規制が撤廃されていません。

藤井先生が言われたような議論が行なわれていた場合は、状況に応じた対策の切り替えを行なえたはずです。国民もマスコミによる刷り込みで思考停止状態に陥《おちい》っています。そこに付け込んでコロナ利権を作る輩がいて、二次三次の災いが降りかかっています。

藤井　政府が進めてきたコロナ対策は、通り一遍のルールのみが決まり、そのルールに基づいたコンプライアンス、というだけの方針で行なわれています。これでは、人間ではなく蟻《あり》やネズミに対する対策です。もちろん、政府は「自粛要請」とは言っていますが、日本社会ではそれは「事実上の強制力」を持っていることは周知の事実です。だからそれを政府はよく知っている。しかし責任逃れのために強制ではない、という言い訳ができる「自粛要請」を繰り返したわけですね。

神谷　本来、コロナ対策は様々な有識者や専門家の意見を聞き、状況に応じて政治家が判断するべきものです。しかし、日本の対策を見ると、先に結論が決まっていて、その結論に沿う意見を持った有識者や専門家のみが会議体に入り、異論を唱える人は最初から排除されています。その会議体の意見を政治家が鵜呑《うの》みにするので、一方通行に成らざるを得ない仕組みになっています。

藤井　その通りです。専門家が唱える意見は、あくまでも参考に過ぎません。様々な要素を斟酌《しんしゃく》しながら総合的に考えて決断した上で実行してゆくのが政治であるわけです。政府には決断と実行を行なってほしいのですが、それ以前に「熟考」があるというのを、彼らは理解していないのかもしれません。

神谷　コロナ対策に限らず、その決断と実行は、本来ならば選挙で選ばれた人が自ら行なう必要があるのですが、利権付きの専門家やレントシーカー（企業が政府に対して、企業側に有利な取り決めを設定するよう働きかける行為、それを行なう人物）のような人々から意見を耳打ちされて、それを多分に受け入れているので決断を間違えるのです。

藤井　多くの政治家たちは熟考を行なっていません。それはつまり、彼らが政治を行なっているふりをして、本当は政治を行なっていない、ということを意味します。政治を行なわない政治家が成すべきことは、何よりもまず、「政」治に「参」加すること、つまり、「参政」なのですよね（笑）。

天皇陛下によって生み出される日本の凝集性

神谷　僕たち参政党は3つの綱領を掲げています。これは、僕なりに政、哲学の精神を入れて考案したものです。藤井先生は、参政党の綱領に対して、どのように思われているのですか。

藤井　なるほど。たしか綱領は3つでしたよね。では、1つずつ個別に、政の哲学の視点から解釈して参りましょうか。

神谷　1つ目の綱領は**「先人の叡智《えいち》を活かし、天皇を中心に一つにまとまる平和な国をつくる。」**です。

藤井　なるほど。素晴らしい綱領ですね。「政の哲学」の視点からこの綱領を解釈、解説していきましょう。何度も繰り返しますが、「政の哲学」は、何が正しい政治なのかを真摯に考え、皆で協力しながらそれに近づいてゆこう、という基本的姿勢を意味します。ここで重要なのが、その「主語」が「わたしたち」だということです。

この「わたしたち」あるいは「我々」という言葉が成立するためには、そこにある一定程度の「まとまり」がなければなりません。そのためには、一体どこまでが「わたしたち」「我々」なのかが決まっていないといけません。そもそも、これまでの長い人類の歴史の中で、世界の人々全員を含む「世界政治」というものは、いまだかつて成立したことがないのであり、どのような政治も、特定の国や、特定の地域や、特定の民族といった単位で行なわれるものなのです。

神谷　それぞれが「特定の集団」です。

藤井　そうです。政治は特定の集団で執り行なうことが前提なのです。だから、「わたしたち」と「わたしたち以外」の間に線が引かれることを前提としたものが、政治というものなのです。それで、その一定の特定集団を「わたしたち」「我々」だという認識を共有して、その単位で正しい政治を追求しよう、真善美を実現してゆこうとするものなのです。

そして、「わたしたち」の場合、そうした「わたしたち」だと現実的に多くの人が合意しうる最大の範囲が「日本国民」という単位なのです。そして、その日本国民というものを統合しているのが、「天皇」あるいは「皇室」というものなのです。後ほど改めて触れますが、現代日本人が受け入れている憲法に、まさにその旨が書かれている通りです。

以上を踏まえると、参政党の一番目の綱領は、まさに、その政党の政治は、「日本国民」による、日本国民のためのものなのだという旨《むね》が宣言されていると言うことができるでしょう。

さて、『政の哲学』の思想で一般的に知られているのは、適切な政治が展開されるために必要な国家などの共同体の重要条件は、その「**凝集性**《ぎょうしゅうせい》」(分散したものが1つに集合する性質)です。社会学の哲学的概念によると、簡単に言えば、仲が良い家族は「凝集性が高い」と言われ、仲が悪い家族は「凝集性が低い」と言われます。サッカーチームの場合、メンバー同士の息が合っているチームは凝集性が高く、互いの心がバラバラというチームは凝集性が低いのです。簡単に言えば凝集性とは、グループとしてのまとまりの良さで、仲の良さだとか、集団としての一体性の高さのようなものです。

神谷　集団は、まとまらなければ強い効果を発揮しません。

藤井　全ての共同体には凝集性という概念があります。お米は炊かない状態だと1粒1粒がばらけた状態ですが、炊いて握ると1個のおにぎりになります。共同体とは、おにぎりAとおにぎりBが別々のものとして固まっている状態です。

日本国民を1つのおにぎりに例えた場合、どのように固まっているのか。日本国憲法によると、**天皇陛下は「国民統合の象徴」**と記されています。憲法の表現は、伝統を踏襲《とうしゅう》したものに過ぎませんが、国民統合とは、いわば「おにぎりを作る」ように、バラバラの個人を一つにまとめ上げるという意味です。

そして、人間というものは、そうやってまとまるために「象徴」が極めて重大な役割を担うのです。国旗や国家、学校の校歌等はみな「象徴」的なものですが、それがあるからこそ、その集団の凝集性が高まる、という性質が人間にはあるのです。

憲法の第1条「**天皇は、日本国の象徴であり日本国民統合の象徴**」であるという条文はまさにその事をうたいあげているわけです。

憲法そのものは、歴史的に言えば、アメリカ軍、GHQが勝手に作ったもの、ではありますが、彼らですら、日本という国の民族的、歴史的な背景を勉強して分析すると、古来より、この国の象徴はまさに天皇という存在であって、それによって凝集性が高められており、天皇を中心としてまとまり続けた国だと分かったわけです。従って日本の憲法を作成する場合、第1条に天皇条項を置かなければ、日本という国が成り立たない、と判断したわけです。だからアメリカですら、天皇条項だけは最初に置いておかないと日本は崩壊すると想定したわけです。

それはすなわち、「日本の伝統」がアメリカに第1条を「書かせた」ということができるわけです。したがって、日本国憲法第1条は日本の伝統の発露《はつろ》そのものであり、先人の叡智《えいち》が作り上げた内容だといって差し支え無いわけです。

神谷　当時のアメリカ人も、その辺りの事情は理解したので、日本から天皇陛下の存在を消すことはできす、憲法にも明記させたのでしょう。

藤井　そういうことですね。私たち日本人にとって、天皇陛下はあまりに近しい存在であるため理解しづらいかもしれませんが、病院の診断結果風に言うと、アメリカ人側から見た場合、日本の憲法第1条は天皇条項にしなければならないと思われるほど、私たちの心の中には歴史的、社会学的、民俗学的、社会科学的など、あらゆる分野において天皇陛下の精神が明確に浸透していたわけです。

日本にいると、そのあたりのことが俄に分かり難いのですが、外国人の視点から見ると瞬く間に明らかになります。私はヨーロッパに1年間住んだ経験があり、学生時代の指導教員はアメリカ人だったのです。外国人と交流していると、日本は天皇陛下を中心としてまとまっている国であり、天皇陛下によって凝集性が発揮されて国民が

1つになっているという内容の話を何度も言われましたし、何度もそう説明せざるを得ない局面に直面しました。

だから、日本という国の概念、象徴は天皇陛下であるというのは、憲法に書かれているのみならず、未だに私たちの精神に刻み込まれた明確な事実であるというわけです。この事実は自民党から共産党に至るまで、どの政党も否定できないものと言えるでしょう。否定している人も一部にはいますが、その考えは社会科学的な分析結果として、さらに言うなら「政の哲学」的な視点から言って、完全に間違っているわけです。

神谷　天皇陛下が権威として存在して、その下に権力を預かる臣が存在して、天皇陛下の大御宝である民を安んずるという形が日本の国體です。先生が『政の哲学』で書かれていたように「哲人とそれを守る戦士たち」という構図で、古来より日本では天皇陛下という権威を、武士たちなど権力者が守護してきたのです。天皇陛下とは、国民を統合して国家の安全を守るための権威なのです。

藤井　そもそも、日本国憲法は1条から8条までが天皇条項なのです。天皇のことを直接書かずに国民のことについて直接書かれるのは、9条以降の条文なのです。

例えば、天皇陛下は総理大臣の任命を行ないます。総理大臣を誰にするかは、国民が民主主義的な投票を通して決めますが、「任命」という行為は社会的にも政治的にも極めて重要なプロセスです。その任命者に権威が無ければ、任命された総理大臣以下の政府要人達の権威も失われる事になるからです。総理大臣が天皇陛下に任命されるからこそ、総理大臣に潜在的な権威が強烈に付与されて、国民が総理大臣の言うことを聞こうという気持ちが圧倒的に強化されることになるのです。日常生活の中ではなかなか気が付かない事実かもしれませんが、そうした権威の強烈なパワーというものは政治学、政治哲学的には常識の範疇《はんちゅう》に入るものなのです。

ですから、例えば国民が岸田文雄氏をどれほど批判しようとも、常に「岸田総理」と尊称で呼ぶことが一般的です。実際の岸田氏個人が、どのような人間であるかはさておき、天皇陛下が任命するからこそ総理権限が生まれるのです。

世の中の実態的な政治権力、権限は国民が決めたという国民主権に由来するプロセスと、天皇陛下という歴史的権威が任命するというプロセスの2つの契機から権威を調達されているわけです。その権威があるからこそ日本の政治権力は存在します。繰り返しますが、これこそ、哲学の主要な部分集合である政治学で言われる常識かつ基本的なメカニズムであると、読者の皆様には知ってもらいたいです。

総理大臣のみならず、私たち自身も天皇陛下から恩恵を授かっています。普通に生活している分には、権威が何かと理解しづらい側面がありますが、私たち日本人が外国と関わる際に、日本という国が何かしらのディグニティ（権威）を有していなければ、その外交力は圧倒的に貧弱なものとなってしまいます。

2022年9月にエリザベス女王陛下が崩御した際、イギリスでは何十年もプログラミングした葬儀が行なわれました。女王の葬儀を行なうこと自体がイギリスという国家を造り、同国の経済、社会、意向、名誉を守っている、という意識が、イギリス政府、イギリス国民の骨の髄まで浸透しているからです。そのため、日本で大喪《たいそう》の礼などの儀式が行なわれる際は、コンビニ的なお手軽な内容が許されるようなことは、絶対にあってはならないのです。

神谷 そのような事実を学校では教えてくれません。僕も今でこそ、こうして話していますが、20歳の時に外国に留学した折には、外国人に「日本人にとって、天皇とは何だ？」と問われた際に全く答えられず、非常に困った記憶があります。日本人なのに日本のことを説明できず、先に外国を学ぼうなど順番が違いますよ。恥ずかしい話です。

藤井 ホントにそうですね。現代の多くの日本人にとって、天皇陛下というのは、「なんだか知らないけど、昔からいる人」、「教科書に載っている人」といった程度のもののように思います。実に嘆かわしい話です。

神谷 「天皇制は身分制度だから駄目だ」という学校の先生もいました。というより、天皇陛下については、その程度の情報しか聞いた経験がありませんでした。藤井先生が言われたような内容を、僕たち日本人が、もう一度話し合って共通認識にしておかなければ、日本の凝集性は失われる一方です。

藤井　私は、その辺りに関する問題意識を前から持っていましたので、大学の講義で天皇陛下の概念を、社会科学的、社会哲学的に毎年説明するようにしています。私が担当しているのは、インフラ政策学、ないしは土木計画学の講義ですが、全15回の講義のうちの1回を政治学に関する内容にしています。

講義内では行政の権限とは国家権力の三権分立の1つであり、国家権力は憲法的には国権の最高機関である主権者としての国民と、権威者である歴史と伝統に裏打ちされた天皇陛下から権威を調達して、その権威があるからこそ権限が発生しているのですよ、という先ほどご説明申し上げた構造を説明しています。この内容を大学生に説明すると理解してもらえるのですが、本来は小学生や中学生の時点で教えておくべきものですよね。

神谷　先生が言われる、儀式などのプロセスを経た権限を皆で認めていくという行動自体が国家としての秩序になります。それを皆が忘れてしまうと秩序が崩れてしまいます。参政党の綱領に「先人の叡智」と記しているのは、先人たちがこうすれば上手くゆくだろうと試行錯誤しながら作り上げてきた国體が日本には存在するので、それをしっかり受け継いでいこうという想いからです。

国家とは、いわば1匹の〝聖なる蛙〟のようなものである

藤井　ここで重要なのが天皇陛下は生物学的には1人の人間であり、親や兄弟姉妹、子供や孫といった家族、あるいは親族という共同体を含めた御皇室というものがある、という点です。我が国日本が憲法で言われるように天皇を象徴とするものだとするなら、広い意味で言って、日本という国そのものが「**天皇制**」だということになります。そういう面を強調しつつ、我が国の本質を言い表す言葉として、「**国体**」という言葉があります。これは、しばしば「**国柄**」という言葉に言い換えられることもありますが、より正確に言うなら、「**国家の人格**」と言うべきものです。ですから、日本とい

う存在は、日本の「国体」なのであり、さらに言うならば、広い意味で言うところの「天皇制」そのものなのです。天皇陛下に象徴される伝統、歴史、文化の集合体全てを含めるべき概念です。

天皇制、すなわち日本という国家に対するイメージを説明する場合、一匹の「蛙」を考えてみても良いかもしれません。

蛙は、当たり前ですが、あるときに生まれて、そしてある時まで生き、そして最後に死にます。

それと同じように、家、というものも、ある時に生まれ、そしてある時に消えて無くなります。織田家が誕生しては滅び、豊臣家が誕生しては滅びます。

日本の国を表現する時、日本国家、という言い方をしますよね。それはつまり、日本という名前の国の「家」を意味します。だから、日本国家全体が家族のようなものであり、日本の国土は、その家族が暮らす「住まい」なのです。

だから日本という国の家も、あらゆる「家」がそうであるように、まさに一匹の蛙のようにある時に生まれ、ある時まで生き、そして最後に死にゆく存在なのです。

つまり、国家とは1つの生き物であり、蛙と同様なのです。

神谷　国家も人も蛙も、生まれたらいつか死にますからね。

藤井　そうです。こういう考え方は、社会科学では「社会有機体説」と言うのですが、社会学における最も伝統的で、古典的な考え方です。社会は生き物であり、国家も生き物なのであって、一匹の蛙と何も変わらない存在なのです。

では、「日本国家」という一匹の蛙はどのような生き物なのでしょうか。

まず、その蛙を構成する細胞が、我々一人一人の国民です。そして、その住処が、先にも指摘したように、この日本列島という「国土」です。

ただし、この「日本という蛙」には、重要な特徴があります。それは、「神聖なる蛙だ」という点です。例えば、伊勢の有名な二見浦の二見《ふたみ》興玉神社《おきたまじんじゃ》には、多くの蛙が祭られています。つまり蛙は、蛇や狛犬などと並んで、日本の神道では神聖なる存在でもあるわけです。その神聖さの最大の象徴がもちろん、天皇、あるいは、皇室、という存在であり、それを敷衍《ふえん》した神道などを含めた様々な風俗や民俗、そして、歴史と伝統であり、それらをまとめた言葉である広義の「天皇制」あるいは「国体」、それがその「日本という聖なる蛙」に満ち満ちているわけです。「日本という蛙」が「聖なる蛙」なので、その聖性が保持されている限りにおいて、腐り果て、朽ち果てることはないのです。

具体的に言うとこうなります。

日本が「聖性」を携えている限りにおいて、例えば人々は、他者に迷惑をかけた際は「ごめんなさい」と素直に口にすることができるし、誰かに会った時にはニコニコしながら挨拶することもできるし、他人の幸せを心から喜ぶこともできる。だから社会の凝集性が高まり、秩序が生まれ、平和な国家となり、人々の精神的活力もどんどん増進し、社会がどんどん活き活きとしたものになってゆく。これがもし、日本に聖性が無ければ、迷惑をかけても謝らないどころか悪態ばかりをつくことになり、人に会ったときにも仏頂面、他人の幸せに嫉妬して苛立ってばかり、ということになります。そうなれば、人々はバラバラになって凝集性は低まり、精神的活力も低下するため、秩序も乱れ、治安が悪化し、社会はどんどん病理的な状況になっていきます。結果、そんな国家は腐り果て、朽ち果てていくことになるわけです。

つまり、私たち日本人は、挨拶や感謝、深謝の意を表する、歴史的、伝統的な風習、文化があり、その風習、文化、伝統、歴史の根幹に皇室という存在が象徴的に存在し続けているおかげで、日本の「聖性」が担保され、朽ち果てることなく、活き活きと生き続けることが可能となるのです。

それこそが**先人の叡智**であり、日本という1つの蛙が長年生き長らえてきた**伝統的方法**なのです。

つまり、先人の叡智を活かせば、自ずと日本では天皇陛下を中心に1つにまとまる国家が志向され、その結果、自ずとこの国が秩序と活力ある平和な国となっていくわけです。

以上が、政治哲学の基本に基づいて説明した議論ですが、この議論を一言で言えば、まさに1つ目の参政党の綱領である「**先人の叡智を活かし、天皇を中心に1つにまとまる平和な国をつくる。**」という話になるわけですね。

ここで1つ注意しておかなければならないのは、活かそうとするのは、あくまでも先人の叡智であって、先人が残したもの全てではない、ということです。例えば、我々の先輩たち、先人たちが遺したものに、消費増税やプライマリーバランスや憲法第9条などがありますが、先人のものを全て遺すというのなら、これらも一切手を付けてはならない、ということになります。が、遺すべきは全てではなく、あくまでも「叡智」なのです。

だから、変えてゆかなくはならない部分もあるわけですが、もちろん、だからといって全てを変えれば良いというわけではありません。まずは先人の叡智を活かして、改善するべき点は改善してゆく、というバランス感覚が必要なのです。

そして、叡智の中心に存在するのが天皇家、皇統であり、それを含めた分厚い伝統文化というものがあるわけです。

例えば、「和を以て貴しとなす」とは、聖徳太子が制定した十七条の憲法の第1条に出てくる言葉であり、「皆が仲良くして、争いが起こらない状態が良い」という意味ですが、十七条の憲法は、いまだに廃止されていませんから、「和を以て貴しとなす」は、現在でも日本の憲法の一部だ、と法哲学的には言えるのです。

日本の歴史、伝統、政治学、権威とは何か、国家は一個の蛙のような生き物であり、誕生してから、いつかは死に絶えるものであるから、その国家に住む人々は精一杯正しく生きてゆこうというイメージを持てば、「和を以て貴しとなす」の意味がよく分かると思います。

神谷　ここまで参政党の1つ目の綱領を詳細に論じたことは、参政党結党以来なかったと思います。藤井先生によって、読者の方々にも綱領の意味を正しく理解していただけたと思います。先生は、国家を蛙に例えられていますが……。世界の歴史では、数多くの国家が誕生しては滅亡する中、日本のみが2000年以上続いています。

藤井　一説には2600年以上と言われています。

神谷　日本は、蛙というより亀ですね。

藤井　古い古い伝統、という意味ではそちらの方がイメージしやすいかもしれないですね。世界中の大半の国は誕生したばかりの、アイデンティティを確立していない青年期の若者のような状態であるので、存続するために必死になっています。それに対して、日本は2600年以上の歴史を持つ国家ですから、アイデンティティが非常に濃密に豊富に存在しているのです。例えば、1月になれば初詣に行き、2月は節分、桜が咲いたら花見をして、桜が散る様子を見ながら儚《はかな》いと思うといった精神が染みついたりしています。それくらい豊かなアイデンティティがあるわけですが、そのせいでかえってアイデンティティを意識しなくなって、当たり前だと思ってしまっている、というところに、ある種の〝不幸さ〟があるとも言えますね。

多くの日本人は、天皇制とは一体何か、皇室、皇統、国体とは何かというのを考えなくても生活できるため、先人の叡智の結晶である皇室、皇統を大事にせずに甘えている状態です。そのせいで、私たちは、先人の叡智を食いつぶしてしまっているのです。だから、哲学、政治学、民俗学的に考え、天皇制は私たちにとって途轍《とてつ》もなく大切なものなのだという哲学的、ないしは社会科学的な「事実」を少し思い出すというのは、もの凄く大事なことなのだと思います。そうするだけで、私たちの現代において先人の叡智がより良く再生されることになると思いました。それが第一の綱領の意味であると、私は思います。

あらゆる人間にも、あらゆる国家にも「神聖さ」がある

神谷　次に、参政党2つ目の綱領、「日本国の自立と繁栄を追求し、人類の発展に寄与する。」についての意見を教えてください。

藤井　これもとても良い綱領ですね（笑）。本来、このような綱領を全ての政党が掲げるべきですね。ただ、「日本国の自立と繁栄を追求し」という言葉を理解するためには、まずは日本国とは何かという問いかけに答える必要があります。

1つ目の綱領の説明で定義したように、天皇陛下を中心として歴史と伝統がまとまった1体の有機物・生き物として日本という国家がある、というイメージがまず大切です。そのような観点で考えると、日本が自立と繁栄を追求しなくてはならないのは当然だ、という点が見えてきますね。

私は日本を、伊勢市の二見興玉神社に祭られている蛙をイメージしながら、「1匹の神聖な蛙」に例えました。

ただし、日本のみが聖で天皇陛下が存在しない他の国が俗だ、というわけではありません。他国には他国の、(プラトンやソクラテスが論じた)「真実」=「イデア」の欠片《かけら》、があります。宗教的に言えば、聖霊や魂、みたいなもので、それぞれの国の「聖性」の起源となります。

外国は外国で、それぞれ、色々な一匹ずつの蛙であるわけですが、それぞれの蛙にも、色や形や大きさこそ違えど、それぞれの天皇や皇室のような存在がある、ということです。それは教会であり経典であり、それぞれの国の聖なる伝統や風土である、というものです。

だから、人間が造り出す国家には、多かれ少なかれ、俗なる部分と、聖なる部分があって、聖俗併せ持った存在が、一人一人の人間であり、一つ一つの国家だというわけです。

その聖なる部分、あるいはイデアの欠片、というのは「命の炎」のようなもの、あるいは、魂と考えても良いかもしれません。

黒人が作ったソウルミュージック、というものがありますが、あれは、魂が震える音楽、という意味ですよね。ジャマイカのレゲエミュージックも魂を燃やして歌唱されます。ヨーロッパやアフリカの民族音楽も、ある種、イデアの欠片、あるいは命の炎のようなものが織りなすものです。

そうした音楽に私たちの心が震えることがあるのは、その音楽も、私たちの心も、同じ「イデアの世界」からやってきたイデアの欠片だからだ、というイメージでギリシャ哲学は捉えます。で、それを、黒人音楽を作った人々は「ソウルだ」と言ったり、あるいは、日本人なら、夏目漱石が小説のタイトルにした「こころだ」といったりするわけです。古今東西、言葉や文化は違えど、同じようなイメージで世界を捉えているわけですね。

いずれにせよ、誰にでも魂、あるいは、心というものがある。国にもそれがある、というわけです。で、その魂や心というものは、俗悪なるものというよりも、プラトン流に言うなら超越的な世界である「イデア界」（宗教者なら、「天国」、などと呼ぶものですね）から降りてきたイメージで語られるわけです。その魂や心を哲学では理性、と呼んだりするわけです。

このように、私たち人類は、本来、人間は神聖な存在であり、だから人間が築いた国家は全て神聖なものだ、というイメージを持っているわけです。だから、日本のみが偉大な国家と見なす思想は間違っているのですね。

神谷　それは当然だと思います。参政党も日本が最優先というスタンスですが、他国はどうでも良いとは考えていません。日本が日本だけで存在できる世界ではないですから、他国にも発展してもらわないと。その意味を表すために「人類の発展に寄与する」と後段に入れているのです。

藤井　参政党の2つ目の綱領「日本国の自立と繁栄を追求し、人類の発展に寄与する」を理解するためには、日本のみならず世界中の国々が神聖さを持っている、と認識する必要があります。

アメリカにせよ、中国にせよ、ヨーロッパ各国にせよ、あるいはアメリカのインディアン（ネイティブアメリカン）やオーストラリアのアボリジニのような原住民たちも含めて、全ての国家や民族が多かれ少なかれ神聖な側面を持つ、というイメージが必要です（もちろん、もの凄く人工的で、マシーンそのもののような国家からは、そういう側面はほぼ蒸発しているとも言えるのですが）。

尊厳有る国家には、自立と繁栄が絶対必要

藤井　さて、次に「**自立と繁栄**」について考えてみましょう。

国家というものは、そもそも「聖」なる側面を持つ存在ですから、必然的に真善美に近づきたい、政を行ないたいと思うことになります。だから、あらゆる国家は、先にも話した「善いことをするための自由」、すなわち、リバティが必須なわけです。

誰かの奴隷という状態であれば真善美に近づけないのですから、国家本来の活動が出来なくなるわけです。

だから、聖なる側面があり、それ故に真善美に近付きたい、正しく振る舞いたいと願う国家は全て、「自立」することが絶対的に必要となるのです。

一方で、繁栄しないという状態は、衰退していくという意味ですから、繁栄しなければ結局は虚弱体質になり、活力がなくなり、動けなくなり、前に進めない状態になります、真善美に近づけず政ができなくなってしまいます。

だから、国家が政（まつりごと）を行なう。つまり、善を拡大する活動を行うためには、「自立すること」と同時に「活力があること」が必要不可欠なのです。

それゆえ、日本国の自立と繁栄を追求するという、第二の綱領は、日本が天皇陛下を中心とした（外国と同様の）「聖なる国家」である以上、必然的に求められる条件となっているのです。

神谷　残念ながら今の日本には、他国の奴隷状態になるのを良しとする人もいますが、それが続くと国家は滅亡してしまいます。

藤井　おっしゃる通りです。そもそも「日本という蛙」は、地球という大平原の中に一匹で生きているわけではありません。他の蛙（国家）も生きている中で生きているのです。だから、私たち日本人は、日本人として、世界という社会（ワールド・ソサエティ）の中において、海外の国々の誇り、あるいは、それぞれの国の聖なるもの（あるいは魂やイデア）に対して一定の敬意を持って正しく振る舞うべき責務があるのです。

そのため、エリザベス女王が崩御した際は、天皇皇后両陛下が弔問《ちょうもん》を行なわれる必要があり、逆の状態もまた然《しか》りなのです。天皇陛下による他国の君主の弔問とは、それぞれの国の異なる魂同士が敬意を表し合っている、ということを意味しているのです。それぞれの国々の異なる魂同士が、お互いの国の人々同士が互いに敬意を持って接し、共存共栄し、人類全体がさらに発展するよう願うことが必要です。

誰にも魂があるからこそ、自分が幸せになりたいと考えています。そして、誰もが魂を持つからこそ、他人も幸せであったら嬉しいと思えるのです。自国のことを一番大切にするのは当然のことですが（なぜなら、一番丁寧に自国の面倒を見ることができるのは自国の人々だけだからです）、他の国にも尊重するべき魂や聖性がある以上、共存共栄して皆で発展しようという気持ちにならねばならないのです。天皇陛下は他国に敬意を示して、国民の安寧を祈り、世界の平和を祈っておられるのです。

ところで、天皇陛下に比べるとディグニティ（権威）のレベルは下がりますが、ローマ教皇も贖罪《しょくざい》を行ない人類全体の幸福を祈ったイエス・キリストの遺志を継いで、キリスト教徒と共に人類全体の安寧と幸せを祈っています。各国の王族や大統領や首相といった政治家たちも、国民のために世界平和を唱えています。魂の欠片がある以上、そのような行為が実施されるのは当然なのです。まずは自立と繁栄を追求して、その上で人類全体の協調協和を築き、それに貢献するというのは、人間として当たり前の話です。

目指すべきインターナショナリズム、拒否すべきグローバリズム

神谷　その魂の中に、僕たちのナショナリズムが入っているのです。グローバリズムのように、自分たちのみが繁栄すれば良い、他の地域は植民地でも良いという考えは間違いです。私たちの日本が良くなる、そして他の国、地球全体が良くなるのを目指すというのが健全なナショナリズムだと思います。

藤井　おっしゃる通りです。それにも関わらず、外国を奴隷化しようとしたり、外国から隷属化されてしまうようなことがあってはならないのです。そんなことをすれば、我々の誇りや、海外の国々の誇り（すなわち、魂、聖性）が傷付くことになってしま

うのです。そのようなことは絶対に避けねばならないのです。

だから我々に必要なのは、自国の誇りを大切にするという「ナショナリズム」であり、そして、外国の誇りを尊重する「インターナショナリズム」が必要なのです。前者は国家主義と言われますが、後者は国際主義です。我々はナショナリスト（国家主義者）であり、かつ、インターナショナリスト（国際主義者）であらねばならないのです。

ここで、インターナショナリズムに似た言葉としてグローバリズム（地球主義）というのがありますが、これは最悪の理念です。

このグローバリズムは、自分や他人の魂といった概念は無関係に、とにかく全てが1つになれば良いという思想です。元来全然違う国同士が全く同一になることなどあり得ない、にも関わらずグローバリズムの場合、そのような国と国との相違を全て無視するわけですから、基本的に他者に対するリスペクトが存在しないのです。だから、グローバリズムではすぐに、奴隷化、植民地化、資本買収が行なわれるのです。

神谷　自由競争、能力主義、弱肉強食が、グローバリズムの基本思想です。

自主独立しなければ他者を守れない

藤井　利益第一のグローバリズムは、必ず弱肉強食的な思想に行き着きます。一方でインターナショナリズム（国際主義）とは、自分を尊敬すると同時に他人も尊敬するという思想です。**他人に対する尊敬は「リスペクト」と呼び、自分に対する尊敬は「プライド」と呼びます。プライドもリスペクトも同じ心の動き**です。自分自身も1つの存在なので、自分自身の聖性に対して一定の尊敬が必要であり、プライドを持った上で他者をリスペクトするのです。それこそがインターナショナリズムです。どのような人物であれ、その人物固有の歴史、伝統、想い、好みがあり、自分とは全く異なるが、互いは他人同士だからという意識を持った上で、2人でコーパレイト（Co-Operate＝協力）して作業を行なう必要があるのです。そうすることを通して、全人類が作り上げるコミュニティ（共同体）に対して、貢献することが求められているのです。

しかし、この理論を理解するための注意事項があります。

人類の発展に寄与したいと考えた場合、日本をおざなりにして、世界の環境や国際社会のために尽力するという考えは、政の哲学的には間違っています。

神谷　残念ながら、そのような考えを持つ若者が少なくないと感じています。世界のため、人類のためと言いますが、日本の事情には無関心で、こちらがそれを指摘すると「右翼だ」などといったことを言ってきます。僕たち日本人、日本国が世界のために尽くしたいというのならば、まずは自分たちが自立していなければ、役には立てないのに。

藤井　プロポーズの際に「俺はお前を助ける」と言っておきながら、収入がどのくらいあるかと聞かれて「収入は何もありません」と答えたら、その結婚は高確率で破談となるでしょう（笑）。男性が女性と結婚したいと思うのならば、ある程度の経済的自立が必要となります。さらに、結婚した場合、反社会的勢力風の人物から「おまえの嫁さんをよこせ！」と脅かされた際は、「ふざけるな！」と言い返せなければ自分の妻を守れなくなります。政治的独立と経済的独立を果たさなければ、一人の妻を養うことも守ることもできません。

神谷　藤井先生が言われるのは、男性の視点から見た例え話ですよね。

藤井　もちろん今の話は、例え話。女性の視点から例えても全く同じことです。そして、国家で考えてもそれは同じなのです。

個人が強くなければ配偶者も家族も守れなくなるように、日本が人類の発展に貢献するためには、日本自身の自立と繁栄が絶対に必要なのです。

ただし、逆に日本の自立と繁栄だけを考えて、日本のみが儲けていれば良いという考えは、人類の発展に寄与しない狭義のナショナリストです。それは、他者はどうでも良いという考えなので、弱い勢力に対する裏切り、搾取、かすめ取り、強い勢力に対する媚びへつらいが多発するでしょう。それでは世界に害悪をまき散らすだけになります。そして、その結果、そのような国は、どの国からも敵視され、結局は、そんな利己的で我儘《わがまま》な国家は、長い目で見れば必ず衰退せざるを得なくなるでしょう。

さらに言うと、日本の自立・繁栄のためには人類全体の発展が絶対に必要です。人類が不安定な状態であると、戦争や地域の奴隷化が多発します。

つまり、日本の自立・繁栄と人類の発展との間には、こうした循環関係があるのです。しかし、狭義の偏執狂的なナショナリストは、その循環関係を理解せず、過剰に利己的に振る舞い、世界の発展を阻害し、巡り巡って自国の衰退、滅亡を導きます。そしてその逆に、過剰な理想主義を掲げる地球主義者も、利他主義者（日本の事を忘れて外国のことばかり、地球のことばかり考える人々）もまた、その循環関係を理解していないのです。その結果、自国の滅亡を導き、それはかえって世界に害悪をもたらすことになるのです。

だから、自国と世界各国との繁栄は、お互い持ちつ持たれつの循環関係があるということを知り、そしてその認識の下、バランスを取りながら、その循環を好循環として展開していくことが必要なのです。

凄まじい力を生み出す日本人の調和

神谷　そのような意味では、これからの人類は、「インターナショナリスト」になる必要がありますね。本当におっしゃる通りだと感じました。

それでは、最後に3つ目の綱領である「**日本の精神と伝統を活かし、調和社会のモデルをつくる。**」に対する哲学的な説明と解説をお願いします。

藤井　1つ目の綱領は、天皇陛下を中心に伝統を大事にしながら日本がまとまるべきという内容。これは、日本国を造り、そして維持していこう、という主旨で、2つ目は、日本が自立して繁栄するのを目指した上で世界に貢献しようという内容ですが、この**3つ目の綱領は、日本が世界に貢献するための方法が記されている**、と解釈できますね。

貢献の方法とは「調和社会のモデルを作る」というものです。

私は30歳を過ぎた時期から、「調和社会」こそが、理想的な日本社会の特徴であり、これを世界に敷衍《ふえん》することで世界に貢献できるはずだ、と考え続けてきました。この辺りの話は、実を言うと学者として様々な論文を読んだ上で辿り着いた私なりの結論なのですが、私の友人である政治学者の施光恒《せてるひさ》氏などとは頻繁に語り合っているものの、今まで政治家の方々と詳しく議論する機会がありませんでした。おおよそ政治家の皆様とは、増税してはいけないであるとか、日本は自立する必要があるなどの「個別具体的な政策」の次元での話に終始していたからです。

そんな私にしてみれば、この3つ目の綱領には、大変強く賛同します。なぜそこまでそう考えているか、以下に説明いたしましょう。

若いころの私は、様々な研究を進める中で、教育心理学の研究にも従事していました。そのような中で、日本とアメリカの母親の子供に対する教育方法の違いや、日本人がアメリカ式の教育を受けた場合の影響等に関する文献も、あれこれ読みあさっていました。

そのような中で強く関心を持ったのは、母親の子供に対する振る舞いの日米比較です。アメリカ人などアングロサクソン系民族の母親の場合、子供たちに自立独立するよう促《うなが》し、行動には責任が伴う代わりに他者からのテイク（take）もあると教えた上で、自分たちの意見を言うのが大切と教育します。これらは近代的な法体系に整合した教育体制です。だから現代の近代的法体系で造り上げられた現代日本でも、一定程度このような教育を取り入れる必要はあると認識しています。

神谷　やはり教育からですね。日本の教育は明治維新で崩れて、敗戦でボロボロになっています。もう一度基礎教育から見直していくことは、参政党の一番の政策でもあります。

藤井　私は、参政党の２つ目の綱領に記されているように、日本は自立する必要があると考えており、その意見に賛同される方は多いと思います。そして、一国の独立のためには、日本人一人一人の独立心が必要なのですから、近代の日本では、独立心を教え込むことが絶対必要なのです。それは例えば、福沢諭吉の「一身独立し、一国独立す」という言葉に象徴される、近代日本の自立にあたって極めて重要な認識です。しかし、だからといって、アメリカ流の教育を、そのまま日本にもちこめばいいのかというと、決してそうではありません。

仮にアメリカ型の社会を全面的に受け入れた場合、多くの日本人の心には違和感が生じるでしょう。なぜなら、**私たち日本人は、互いに協力し合える**からです。

もちろん、現在の日本人のように過剰に空気を読むのは悪い状態で、権力者に忖度するのは、おぞましい行為でしかありませんが、互いが気を遣い、空気を読み合いながら何かを運営してゆくというのは、凝集性を高め組織全体のパフォーマンスを上げるための大事な要素です。困っている人に忖度して何かを施すというのは思いやりとなります。忖度が悪いのではなくて、悪い忖度が悪いのです。だから良い忖度は良いものなのです。アメリカ人は互いが協力することが日本人よりは苦手で、忖度も何もないので、なかなか前に進めない、という側面があるのです。

神谷　気遣い、思いやりの精神は、今でも日本人の心に根付いていると思います。

藤井　アメリカ人には彼らなりの協調の方法があるのですが、日本人は、アメリカ人よりもはるかに協調が上手です。明治維新の全てが素晴らしかったとは思いませんが、世界中が植民地支配を受けて西洋人の配下になっていた時代、日本とわずかな国だけが自主独立を保っていました。しかも、開国からわずか数十年で西洋列強の1つであったロシアに戦争で勝つという偉業を成し遂げたのは、日本人が皆で協調して調和社会を作ったからです。

さらに、大東亜戦争では原子爆弾を投下されるなど300万人以上が殺害された上に、アメリカに負けたから仕方がないという理由で、大半の資産を失い、憲法が勝手に作られて、財閥も解体されて、農地も改革されて、御皇室も弱体化されるなど、無茶苦茶にされました。しかし、奇跡の復興を遂げて、大阪万博は戦争が終わってからわずか4半世紀後の1970年に開催されました。むしろ、バブル崩壊に伴うデフレ状態になってから現在に至るまでの方が長期間です。そのような短期間に復興を遂げて、世界中に高速鉄道を開設して、トヨタが世界一の自動車会社となったのは、日本人は協調、調和が上手いからです。

神谷　世界広しといえども、短期間にそれだけの偉業を成し遂げたのは、日本人だけです。

藤井　**その理由は、日本の母親の教育が協調性を重視したものだからです。**先ほど述べたように、アメリカの教育は独立性重視というスタイルです。例えば右足と左足の靴を逆に履いている子供がいた場合、アメリカ人は「あなた、靴が逆よ」と伝えますが、日本人的な母親や保育士は「何がおかしいのかな?」と、問いかけるそうです。すぐに気付く子供もいますが、気付かない子供には気付くまで仕向けるのです。

日本式の教育は性善説に基づいたものです。人間の心には真善美の魂の欠片があるので、日本の子供がより輝く方法を、古いタイプの日本の母親は教えます。人間とはロウソクのようなもので、慣れてくるとロウソク同士が交流して1つの炎を作ります。10人が馴《な》れ合うと、10の固まった炎が誕生するのです。

戦時中に作られた「1億火の玉」は、現在では悪い言葉のように思われていますが、あれは、日本人全員の1億の魂が共鳴しあって互いに燃え合って、大きな炎になるという意味です。その炎が悪い方向を向く時もありますが、本来は良い方向へ向けなければなりません。悪い方向に向くのは、考えが間違っている悪い政治が原因です。だからこそ政の哲学が大事なのです。皆で協力して炎を重ね合い、他人との違いを乗り越えて、1つにまとまって良い方向に向くのに日本ほど長《た》けている国家は、私は他に知りません。この点に関しては、日米比較の発達心理学・教育心理学研究の権威で、日本心理学会の会長を担っていた、東《あずま》洋《ひろし》教授が様々な研究を行なっています。

神谷　日本の精神の1つが、他者との協調性であり、それを良い方に活かしていこうという例を挙げていただきました。まさに綱領の解説として適切です。

世界を平和に導く日本の調和の精神

藤井　もう1つ重要なのは、単に協調して役割を担うだけでは自主性は養えないという点です。日本人の自主性はどこにあるかというのを東洋教授が論じているのですが、**彼は日本人の主体性というのは、「役割を選ぶ」という点においてこそ存在するのだと主張**しています。一旦役割を選べばもう、そこには主体性など無いかのように見えてしまいます。しかし、その最初の一歩にこそ、日本人の凄まじい主体性があるのだと論じたわけです。

例えば、昔の日本人には、この藩に俺は入る、あるいは、この藩を脱藩するといったヨーロッパ人にはなかった、役割を選択する上での個人主義の精神があったのです。あるいは楠《くすの》木《き》正成《まさしげ》は、一旦、後醍醐《ごだいご》天皇に忠義を尽くすと決めた後は、徹底的に己を燃やし尽くして、最終的には「桜井の別れ」の後に命を落とすことになります。山本常朝《やまもとつねとも》という佐賀藩士もまた、主君に忠誠を誓い、主君が亡くなったから自害しようとします。しかし、その自害は藩から禁止されたので、その後は出家し、武士道の所謂〝神髄〟についての様々な言葉を遺し言葉を語り、それが『葉隠《はがくれ》』という武士道を記した書物として世に出ることになりました。明治維新直前の時期は、脱藩した武士が、文字通り命をかけて様々な活動を行ないました。日本社会は、普段は人々が忖度して思いやっているので、普通に生活している分には安定的ですが、結婚や離婚など、人生の転機のような場面ではただならぬ緊張感が漂います。

少なくともかつての日本社会は、単なる「なあなあ社会」ではなく、役割の選択を巡って激烈な戦いがあったわけです。

参政党が、というよりむしろあらゆる日本人が目指すべき調和社会とは、単なるなあなあ社会ではなく、日本人が責任を持って役割を選び抜いていく、かつての日本社会のような一定の緊張感を伴った調和社会なのではないかと思います。そうした緊張感ある調和社会は、単なるなあなあな社会よりもはるかに真や善や美に近付くことができるでしょう。そして、それこそが日本の精神であり伝統だったのですから、今の日本人にもそれができるはずなのです。

私が学んだ範囲では、そして、事実上アメリカ人の指導教官の下で学位を取り、海外で暮らし、様々な海外の方々と様々に仕事を行ない、付き合ってきた経験の範囲で考えても、ここまで高度なレベルで調和社会をこなせる民族は、日本人以外にはいないのではないかと思います。実際このような日本の国のあり方を見て、「奇跡だ」と驚愕したのが、ラフカディオ・ハーン（小泉八雲）やフィリップ・シーボルトといった幕末や明治初期に来日したヨーロッパの文学者や科学者たちです。

神谷　日本の中にいると当たり前に見える日本人の振る舞いが、外国の人から見ると素晴らしい美徳であるというケースは多数報告されていますね。特に江戸時代に日本に来た外国人は日本の素晴らしさを多くの書物に残してくれています。ただ、現代の日本人が、その長所を理解して活かせているとは言えないと思います。むしろネガティブに捉えている場合すらあります。

藤井　2つ目の綱領に記されているように「人類の発展に貢献」したい、と思うならば、この日本国民の最大の特徴を活用するのが最も得策なのではないかと思います。お金やボランティア精神も大事ですが、日本人にとっての正しい貢献の方法とは、他国には存在しない、もしくは苦手とするが、日本には存在する日本の強みを思想的、哲学的、科学的にしっかりと考えた上で、それを通して貢献することこそが、何よりも効果的なのです。しかも、こうした日本精神、すなわち、十七条憲法の「和を以て貴しとなす」の精神が世界全体に広まれば、本当に世界平和が実現するでしょう。

もちろん、それは夢物語だと鼻で笑われる話ではあるでしょう。しかし、「まつりごと」とは、政治とは、理想を掲げ、その理想の実現に向けて、一歩一歩着実に進んでいく営為です。だから、これこそ、日本が本来やるべきことなのだと思います。

神谷　日本人が日本の精神の優れたところを理解して広げていけば、世界平和の実現に寄与できると考えています。そのことを、まず日本人が認識するところから始めたいと思っているのです。

藤井　ホントにそうなのです。必ずしも大東亜戦争を全て肯定する気はありませんが、どのような戦争にも、戦争には、それぞれの国の大義があります。その大義を本気で思っていたか、あるいは単なるプロパガンダかは国家によって異なるでしょうが、大東亜戦争時代の日本に大義があるとしたら、それは「日本の精神を世界に広める」というものだったのです。

西洋人たちは、他の国を植民地化、人を奴隷化して、搾取して、殺しまくった歴史を持ちます。アメリカのインディアンもオーストラリアのアボリジニも虐殺されて、南アメリカのインカ帝国もアステカ帝国も植民地化されて、現在ではスペイン語圏になっています。

第二次世界大戦以前の日本は、侵略を前提としない調和的な外国との交流を志す傾きが、少なくとも欧米列強の国々よりは圧倒的に強くありました。もちろん、日本の侵略行為が素晴らしい善行などとは到底言うことはできませんが、大東亜戦争で日本が敗れなかったとしたら、外国を平然と潰していくグローバリストとは異なる、外国に一定の敬意を払うインターナショナリストが今よりも世界中に広がり、世界各国がインターナショナリズムにより近付いていた、という可能性が、私はあるのではないかと感じています。

例えば、仮に日本が敗戦していなければ、現在の韓国、中国、台湾、ベトナム、タイ、アングロサクソン系国家が一緒になって、どのような調和社会を造ろうかと議論する方向へ持っていく契機が、少なくとも我々が敗北した今の状態よりも、幾分なりとも、より多く、より強くあったのではないかと、思います。証明の方法はありませんが、その可能性は少なくとも十二分にあると私は感じています。

歴史は、これから100年、500年、1000年、2000年と続きます。そう考えると、日本人がここまで守ってきた歴史、伝統の調和社会、しかも、そこに一定の緊張感が存在する調和社会の在り方は、500年後や1000年後の世界のあり方に大きく貢献できる可能性は十分にあると思います。私が生きている間には達成できなかったとしても、それを引き継ぐ人々に実現してもらいたいです。

神谷　大東亜戦争は文明、哲学の衝突だったのです。負けてしまったので、戦後の教育やメディアによって日本は駄目にされてしまいましたが、我々の精神や伝統が間違っていたのかを、戦争終結から80年近くが経った現在、もう一度検証したいです。

藤井　たしかに、大東亜戦争時の日本は、あっさり言うと「悪い部分」もあったとは思います。外国のナショナリズムを軽視し過ぎた面もありました。しかし、だからといって、全ての行為が悪かったわけでもない。我々はバランス良く、あの戦争を振り返る必要がある。あの戦争に、日本の聖なる魂、善なる魂が一切影響を与えなかったなどとは絶対に言えない。我々にも真善美の欠片が確かにあったのです。だから、その歴史を全てゴミ箱に入れてしまったら、良いものも一緒に全て捨てられてしまいます。戦後77年以上が経ちましたので、いま一度歴史を取り戻して、悪い部分は外して、良い部分だけ取り出す作業を行ないましょう。

神谷　現在はグローバリズムが行き詰まっています。僕たちが自信を持って言えるのは、2000年以上継続している日本は、世界で一番持続可能な国であると証明されているのです。国を継続させた叡智が何だったのかをもう一度思い出して、それを世界の人々が理解できるよう提案できる民族は日本人だけだと思います。

藤井　私も外国の人々に理解していただくのが大切だと言いましたが、明治時代を代表する人物である新渡戸稲造《にとべいなぞう》は武士道を、内村鑑三《うちむらかんぞう》は倫理的かつ代表的な日本人の精神の崇高さを英語で外国人に説明しました。

そのような気概が戦前、特に明治時代の日本人にはあったのです。大東亜戦争後、そのような気概は消滅して、日本人はアメリカニズムを取り入れることだけに汲々《きゅうきゅう》とする情けない民族に成り果ててしまったように思えます。このままでは日本が朽ち果ててしまいます。そうなれば他国に貢献もできません。

左翼、保守層、右翼には各々の言い分があり、それぞれ一理ありますから、皆集めて1個のおにぎりを作る。それを目指すべきなのです。実現は極めて難しいと言わざるをえませんが、千里の道にも一歩目はあるのです。だから、少なくとも、現状において凝集性を高め、可能な限り分断を止めるのが、今後の目標ではないかと思います。

神谷　正にその意見には同感です。そのために皆で政治に参加して、そのような議論をしながらアウフヘーベン（解決策）を見つけ出すというのが、僕たち参政党の目指す方向です。

藤井　今日、改めてお伺いしましたが、参政党の綱領は、とても良くできていますね（笑）。日本が何かを定義して（第一の綱領）、自立して世界に貢献できるようにした上で（第二の綱領）、最後に日本が行なってきた調和社会を世界全体に敷衍できるような貢献の仕方を実行しよう（第三の綱領）と言っているわけですね。

これを批判するのは、おそらく難しいかと思います。

神谷　綱領を考える時には藤井先生の本も参考にしたので、藤井イズムも入っています。

藤井　そうなのですね（笑）。でも、そもそも魂という炎は燃えると別の何かに燃え移ります。その状態になると、交わっているので誰から出火した炎なのかの区別ができなくなりますが、それはどうでも良いのです。

重要なのは、炎そのもの、魂が必要なのです。

プラトンの対話集『パイドン』には、魂の概念についての根幹的哲学議論が記されています。今日のお話は、その『パイドン』の議論をベースにお話をしたのですが、日本にも「人魂」という漠然としたイメージがありますから、まずは、それをイメージすれば、魂の話はスムーズに入ってくるのではないかと思います。ぜひ、「魂」、それに少し違和感があるなら、アメリカンブラックミュージックの「ソウル」を思い起こしてください。そうすると、今日の話は、「すっと」といった感じで、分かってもらえるのではないかと思います。何にしても、政治にはソウルが必要なわけです（笑）。

神谷　参政党の綱領に関する哲学の解説をしていただき、ありがとうございました。

第3章

日本と世界を変えるための参政党の主義・思想

全ての日本の政党が掲げるべき参政党の理念

神谷　僕は主に保守層の方々から、参政党が保守政党かリベラル政党かという内容の質問を受ける機会が多いのですが、一口に保守層と言っても様々なタイプがあるので、参政党党員の中には自覚が保守政党とカテゴライズされるのは間違いだと見解する方もいます。そのため、僕は、参政党は保守政党というより反グローバリスト、反グローバリズム政党と位置付けていただきたいと説明しているのです。

藤井　参政党の本質を詳しく説明していただきたいと思います。政党には理念と綱領がありますが、まずは理念について、教えてください。

神谷　第一の理念は「**日本の国益を守る**」こと。ただし、そうすることで日本だけが利益を得るのは正しい状態ではありませんから、「**世界に大調和を生む**」ことを目指します。あくまでも日本の国益が最優先ではありますが、世界全体のバランス、調和を築き上げるというのが党の大きな理念です。ただ、さらにわかりやすく説明するときには「**次世代にいい日本を残す**」ことが参政党の目的だと話しています。諸外国と良い関係を築き、日本が豊かであることが次世代にとっての一番の贈り物ですし、何のために政党まで作ったかといえば、子供たちのために他ならないので。

藤井　神谷さんが言う「調和」とは、もの凄く良い意味を持つ言葉ですが、調和を「平和」と言い換えると、途端に手垢《てあか》が付いたものとなります。戦後77年以上にわたって平和イコール「反戦」であり、平和イコール「軍拡ではない」というイメージが日本では根付いていたわけですから、単純に軍拡を訴えるのではなく、日本が自立するのは当然であり、なおかつ、その上で世界に貢献するという。私は調和とは非常に素晴らしい理念だと思います。

神谷　そう言っていただき、非常に嬉しいです。

藤井　理念の下に綱領があります。神谷さんの見解を教えてください。

神谷　第2章で藤井先生に語っていただきましたが、参成党は3つの綱領を掲げています。1つは「先人の叡智を活かし、天皇を中心に一つにまとまる平和な国をつくる。」」。日本国憲法第1条に「日本の象徴」と明記されているように、天皇陛下は全ての日本人の親であり魂のような存在ですから、御皇室を永続状態とした上で、日本人全員の団結を目指すというものです。

藤井　この事実が声高に唱えられる機会は少ないのですが、天皇陛下の存在は日本という国において基本中の基本です。戦前には「国体」ではなく「国體」という言葉がありましたが、国體を守るために大東亜戦争が勃発しました。

そもそも天皇陛下の権威とは特殊なイデオロギーではなく、江戸時代以前の武家社会において征夷大将軍を任命するのは天皇陛下であり、それ以前の貴族社会の中心に存在したのは天皇陛下でした。第2章でも記しましたが、いわゆる左翼と呼ばれる方々が尊重するべきだと唱える日本国憲法も、1条から8条までは全て天皇陛下の行為を定める内容であり、9条以降が天皇陛下以外の日本国民に関する内容となっています。要するに日本国憲法は天皇陛下に関する内容とそれ以外に分類されているわけですから、天皇陛下の存在の正否を問うこと自体が間違いと言えます。

神谷　参政党が設立した当初は、周囲からのイメージを気にして、綱領から「天皇」という文言を外してくれという声が党員からも寄せられました。しかし、これを外してしまうと、日本の国體を表すところがなくなり、どこの国の政党かわからなくなってしまうので、ここは譲れないと突っぱねてきました。「天皇を中心に」とは、決して天皇主権という意味ではないのですが、参政党を批判したい左派の人々は歪曲した解釈を行なっており、参政党は天皇主権の国家を造ろうとしていると唱えています。僕たちは憲法にも明記された国家の形を目指しているのであり、その思想は断固として変更できません。

藤井　戦前は天皇機関説や天皇主権説が盛んに議論されていましたが、どちらも正解ではありません。古来、天皇陛下は日本の権威であり、ある種の機関とも言える存在だからです。現在の天皇陛下は日本の象徴と定義されています。その天皇陛下に関する議論から逃げていないため、参政党に対してもの凄く誠実だという印象を持った方は多いのではないかと私は思います。

神谷　実際、綱領に天皇陛下に対する見解が入っていたので、参政党に入党したという方は少なくありません。

藤井　現代の日本では、天皇陛下について語ることに対して皆が及び腰になっていますが、その風潮が何かを歪めているのです。最初の綱領で天皇陛下を定義するのは、私はとても良いことだと思います。

神谷　2つ目の綱領は、「日本国の自立と繁栄を追求し、人類の発展に寄与する。」。現在の日本は米国に従属していますが、それは正しい状態ではないと僕らは明言しています。

藤井　しかも、現在は中国の国力が日に日に増大していますので、今後の日本は対米従属プラス中国の準植民地のようになるかもしれません。

神谷　それは、二重の封じ込めのような状態です。

藤井　現時点で日本各地の土地や施設が次々と中国に買収されています。特に有名な例を挙げると、北海道のニセコ町内の不動産が買収されて、町内に住む日本国民の経済活動による利益の大半が中国に吸い上げられているという話があります。

中国の手口は「ネオ帝国主義」とでも呼ぶべきものであり、日本各地がネオ植民地化されているという事実がありますが、そのような状態を一掃するのが2つ目の綱領の主旨だと思います。

神谷　まさにその通りです。

藤井　保守政党である自民党でさえ、日本の自主独立を積極的に公言しません。1955年に制定された自民党の綱領に目を通してみると、日本国憲法を改正して連合国による占領法体制を見直すという内容が記されています。綱領が制定された当時は日本がサンフランシスコ平和条約を結んでから4年ほど経過していましたが、戦後に制定された財政法を含めた法律の大半は占領法制なのです。

第一、日本国憲法自体が占領法制であるため、自民党は憲法の改廃を目指したのです。55年制定の自民党綱領の最後には、駐留外国軍隊の撤退に備えて軍備の増強を行なうという内容が記されていたのですが、軍備増強は国家が独立するための必須事項です。しかし、２０１０年版の綱領には軍備に関する内容が１ミリも記されていません。むしろ日米同盟のおかげで日本の繁栄が叶った、米国が占領してくれたおかげで私たちは成長したと、55年度版の綱領とは正反対の内容が記されています。参政党が掲げる２つ目の綱領は、自民党の55年度版の綱領と内容が近いように感じます。

神谷　まったくその通りです。日本の自主独立こそが主眼です。ただ、国際協調もしっかり考えているので、後段も大切にしています。

藤井　綱領の１つ目の内容は日本が天皇陛下という歴史を引き継ぐ、２つ目が日本の自主独立を目指す、です。では、３つ目の内容の意義を教えてください。

神谷　「日本の精神と伝統を活かし、調和社会のモデルをつくる。」。慣習などを含めた日本の伝統文化、国柄をしっかりと受け継ぎ、日本が他国のモデルになるという意味です。

藤井　日本各地には数多くの伝統、地域文化があり、天皇陛下は日本の全ての文化を象徴する存在であり、文化の一部でもあります。日本語は正に伝統文化の中心ですが、それらを守るということですね。

神谷　日本人の考え方や縄文時代から続く農業を継承して、地域に伝わるお祭りを後年に残していく。文化の保護はとても大切で、そこに根付く考え方の中に世界の調和を生み出す鍵もあると考えています。

藤井　3つとも素晴らしい内容の綱領です。そもそも、この内容に反対する人はいるのでしょうか?

神谷　前述したように、1つ目の天皇陛下に対する内容のみ批判されることがありますが、それ以外の内容に関しては、批判的な意見が寄せられたことはありません。

藤井　日本が自主独立を果たして繁栄した上で世界に貢献する、そのためには天皇陛下を大切にして国内の伝統を守ってゆくのが大切だ。いたって普通の内容です。

神谷　従来、自民党が掲げていた内容が失われてしまっているので、参政党が改めて掲げたという感覚です。

「参政」という党名に込められた想い

藤井　「参政党」という党名は、「政治に参加する」、「政《まつりごと》に参加する」党という意味合いなのですが、神谷さんが党名に込めた想いというのは、どのようなものなのですか？

神谷　現在の日本は、有権者の半分近くが国政選挙に出向かないという状態です。選挙に行く人も投票後は政治家にお任せという感じで、日常生活で人々が政治的な話をするにしても、ワイドショーの聞き齧《かじ》りのような論評を行なう程度というのが大半です。

批判は盛んに行なう一方、日本を良くするにはどうすれば良いのかと主体的に考える日本国民は、ほとんどいません。大半の政治家も、そのような思想を持つ有権者からの人気を獲得するのに終始していますので、日本国民が自分たちで考えて提案していく、マスコミが作り出そうとする世論に異議を唱えられるような風潮を、僕は作りたいのです。

藤井先生は世論に対して積極的に吠え立てている方ですが、先生のような人は減少する一方です。やはり、日本国民が日本の主権者なのですから、政治家に疑問を感じたら自分たちで引きずり下ろすための活動を行なうべきです。そのためには、普段から少しでも政治活動に参加する必要があるのですが、現在の日本の政党は議員中心政党ですから、政治に関する全ての物事は政治家が決めている状態です。僕は党員中心の政党を作りたいと考えて、参政党という党名にしたわけです。

藤井　なるほど。現在（2023年2月時点）、参政党には、どのくらいの人が参加されているのですか？

神谷　現在の党員の総数は、サポーターを含めて10万人ほどです。

藤井　サポーターとは？

神谷　毎月党費を支払っている党員と党費は払わないけれど、活動に協力してくれる準党員がいます。参政党では準党員をサポーターと呼んでいます。

藤井　それほど多くの人たちが参政党に参加しているのですか。党が立ち上がったのが２０２０年4月ですから、３年も経たず10万人の党員を獲得したということになります。

神谷　実を言うと、２０２２年の初めは、党員の総数は1万人ほどでした。選挙後の6ヶ月間で10倍に増加したのです。

藤井　参政党の選挙運動を拝見した際、非常に熱があるという印象を受けました。まさに、10万人の党員が議論を行ない、物事を決めてゆくというパーティー（政党）ですから。本来、日本国民はパーティーの一部（パート）なのです。日本国民が政党に参加して、そこでしっかりと政治について考えていこうと。そういう意味では、参政党が掲げる理念と綱領は、誰が見ても納得できる内容なので、党員の皆様は議論しやすいのではないでしょうか。

神谷　参政党の政策は党員と決めていきます。２０２２年7月の参議院選時は時間がなかったため、ボードメンバーで党員の声を集めて、①**教育**、②**食と健康**、③**国まも**

りという3つの重点政策のみを掲げました。もちろん、もっと広く政策の提案もできたのですが、全ての分野で決めてしまっては党員の主体性が失われてしまいます。よって、3つの重点政策のみを掲げて、残りの政策は、党員の希望者を募り、研修を受けていただいて、優秀な方々に政策のたたき台を作ってもらい、それを全国に210ほどある支部に投げて、意見をもらいながら決めていくことになっています。各支部に在籍する党員の方々が議論を重ねて、その上で生まれた結論をフィードバックしていただくということです。

藤井　素晴らしい方式です。

神谷　非常に手間は掛かりますが、やはり自分たちで創る、創ることができるという実感をもってもらい、それを実際に形にする方法も一緒に考えてもらいたいのです。

藤井　本来、民主主義というシステムは手間が掛かるものです。手間を掛ける結果、強固な民意が国民に湧き上がり、その状態を保ちながら政治を行なうという状態が大切なのです。実際の運営では課題は少なくはないと思いますが、大切なプロセスです。

神谷　手間を掛けてゆく内に、党員は成長していきます。その手間の掛かる作業を党員に任せることで、逆に皆が考えて議論できる機会が生まれる。そのような土壌を作りたいと思っているのです。

藤井　その際に、天皇陛下も含めた伝統文化を大切にして、日本を自主独立状態にする、その上で世界に貢献する。今後、これらの大筋が変わる機会はあるでしょうか？

神谷　そこは変わりません。理念と綱領だけはボードメンバーで決めましたし、文言の修正はあっても、理念自体を変えてしまうと党の存在意義が変わってしまいますから。

藤井　参政党の綱領は、いずれも日本にとって基本的な精神ですが、その精神を持ち合わせていない既存政党も存在します。天皇陛下の存在を完全に否定する政党もあれば、自主独立に何ら触れないという政党もあります。第一、自主独立していない国家が世界に貢献できるはずはありませんので、自主独立を目指さない国家の存在意義とは何か？　という話になってしまいます。そのため、ぜひ参政党にはその活動を継続・拡大して、綱領の理念を実現して日本を救ってもらいたいと、神谷さんのお話を聞いて改めて思いました。

日本を守るための3つの重点政策

藤井　先ほど言われた参政党の3つの重点政策はどのようなものか、その内容を選挙戦時に訴えてこられたと思いますが、その内容を詳しく教えていただけますか？

神谷　前述したように、まず1つ目は「**教育**」に対する政策です。我々は明治以来の管理教育を辞めて、子供の個性や興味に合わせた探求型の教育に変えようと訴えています。また歴史教育を復活して日本人としてのアイデンティティを大切にしたいとも考えています。

2つ目が「**食と健康**」。これはユニークな政策だと自任しています。安全な食を提供して、国民が病気にならない国づくりをしようと訴えました。そのためには農業などの一次産業を支援・保護することも大切です。

3つ目が「国まもり」なのですが、「国防」と表記しなかったのは、「国防」というと日本人は、すぐに軍隊や兵器などの軍事力を強化することを考えるからです。国を守るには段階があります。まずは相手の情報を取って、こちらの情報を取られないという「情報戦」を行ない、次に戦いに備えるための資本や食料を確保する「経済戦」に備える。情報力と経済力を持った上で、初めて実戦のための軍事力強化を目指します。我々の訴える国まもりは情報戦・経済戦・実戦の3分野をバランスよく行なっていくということなのです。

藤井　その国まもりの定義を私や神谷さんは当然のように理解しています。戦前の日本には「富国強兵」という言葉があり、富国、高い経済力と強兵、強大な軍事力を保持することにより、国家の自主独立が成り立つという思想が国民の間には浸透していました。富国のベースは工業や農業といったハードインフラであり、他にも税収というソフトなインフラも重なって富国が実現して、国が豊かになるにつれて強兵が叶い、国家が自主独立するという流れです。
しかし、現在の日本人の知識層の大半が「専門家」化しており、例えば、軍事評論家は経済に関しては全くの無知、経済評論家は軍事に関しては無知という状態です。このような意識では国まもりは叶いません。それ以前に守る気がないとすら見受けられます。

神谷　GHQが教育を変えてしまいましたからね。日本の知識人がそうなるのも無理はないのですが、すべての学問は繋がっているということくらいは、早く気が付いてほしいと思います。

藤井　一般的な経済評論家は、あくまでも経済に関する仕事を行なうだけで、自衛隊に関する物事を考える必要はないという意識を持っていると思います。

神谷　それ以前に、現在の大学の講義の場では、軍事に関する話は一切タブーとなっています。

藤井　前述したように、私は社会工学者という名義で大学の教壇に立っていますが、講義中、密かに軍事関係の話をする機会があります。仮に学校側に発覚したら大問題となるでしょう。

神谷　昔の人々は情報と経済と軍事が全てつながっているのは当然という認識を持っていました。それらが分割されているという現状がおかしいのです。

藤井　参政党の党員や支援者、あるいは一般的な国民の皆様に対して、国まもりについてアピールした時の反応はどのようなものでしたか？

神谷　順を追って説明したら皆様、納得してくださいました。国まもりの政策が大きく批判されたことはありません。他の参政党の政策に反対する方も、情報・経済・軍事の3つの要素は大事だと考えているようです。国を守りたいのであれば、まずは他国の情報を正確に把握して、自国の情報が盗まれないための対策を施すのが大事であると。戦国武将も、突然敵陣に攻め込んだわけではなく、戦いの先手として、敵方の情報を知った上で偽の情報を流布することで敵方を混乱させる策略を行なっていました。

藤井　中国も、アメリカも、北朝鮮も、場合によっては韓国も日本国内でプロパガンダ的な偽情報を流しています。各国には日本のように大調和の精神は存在せず、自国の国益を第一にしているため、情報戦を行なうのは当然ではあります。

本来ならば、日本人自身が常日頃から偽情報に晒《さら》されていると意識する必要があるのですが、多くの人はメディアが発する情報を鵜呑《うの》みにしています。人々が偽情報まで盲信する結果、中国やアメリカの言いなりになるシステムが完成しました。昨今、日本国内で外国発の意味不明な政策やシステムが導入されているのは、情報戦の結果です。

神谷　経済とは、戦国時代で言えば兵糧《ひょうろう》（兵士の食料）のようなものです。兵糧なしに敵と戦うのは叶いません。

藤井　まずは石高（米の収穫量）からです。

神谷　戦国時代の兵糧の話をすると、分かりやすくて皆が納得するのですが、現代のことになると話がつながらなくなる理由が不明です。『信長の野望』（コーエーテクモゲームズ）というゲームをプレイされた経験がある方ならば、兵糧イコール経済と理解できると思いますが（笑）。

藤井　私もそう思います。国のまもりは、軍事力だけではなく、マクロ的な視点で捉えるべきです。次に食と健康の政策の話に移ります。日本はネイションステイト、国民国家と呼ばれていますが、「国家」とは、どちらかと言えばシステムのような概念であり、その中に私たちのような「国民」が暮らすわけです。両者は箱と中身のような関係であり、国の守りとは国家という箱を防衛する意味合いが強いのです。それに対して、食と健康の政策とは、中身である国民を幸せにすることが目的という印象を受けます。

神谷　僕たち参政党のメンバーは、人間の命は大切なものと考えています。さらに言うと、食と健康は経済と密接につながっているのです。医療費や健康保険料など、現在の日本の社会保障費は、戦前、戦中の軍事費と同じように年々青天井で増大しています。これは非常に重大な問題なのですが、日本の医療制度が間違っているというのが、現代日本で発病率が増加している要因となっています。現行の医療制度は、病院の患者の数を増やさないと儲からないという仕組みですから、患者の数を減らした人が評価されるという制度に変えない限り、今後の社会保障費はさらに増大するでしょう。

病気になる原因を辿っていくと、食べているものや体内に取り入れるものが主な要素というのは、すでに世界中で知られている事実であり、アメリカや中国では1970年代、80年代に詳細なレポートが作成されて、国内の食生活が大分改善されたという歴史があります。日本の場合、外国で余ったような食品や薬品を送り込まれて、それを国民が体内に取り入れているわけですから。

藤井　現在の日本は、完全に植民地扱いされているのでしょう。

神谷　それどころか、残飯処理場です。

藤井　あろうことか、国会議員が外国に加担して、外国では禁止されている遺伝子組み換えなどバイオ技術を使用した食材を、法律を緩和してまで日本で販売可能にして、危険性が高い食べ物を国民に食べさせているという状態です。いわば、外国で発生したゴミを日本に投げ捨てるという商売が行なわれているのです。

神谷 おそらく、安全性が定かではない技術を使った外国製食材を日本で先んじて販売して、問題がなければ外国でも販売しようという寸法です。つまり、日本は実験場にされているわけですよ。あとは海外で売れなくなったものも持ってこられています。

藤井 この話は、陰謀論でも何でもなく、すでに発覚している事実です。

神谷 オープンソースです。公開情報ですから。

藤井 多少英語が理解できる方ならば、外国の食品企業のホームページを閲覧すれば、食品の実態を把握できます。しかも、日本には、英文を丁寧に訳す方が数多くおられます。私はジャーナリストの堤未果《つつみみか》氏と仕事を行なう機会が多いのですが、彼女もそのうちの1人です。

神谷 僕も、堤未果氏から色々な話を伺っています。

藤井 堤氏は研究という名目で、食品の危険性を警告する書籍を以前から刊行しています。一定の支持層を獲得しているため、彼女の書籍は隠蔽《いんぺい》されません。

神谷　食と健康は、いわゆる保守系と呼ばれる人々が議論を避けている分野であり、発言すると保守側からは陰謀論だと批判されます。この問題は「陰謀論」ではなく明確な「陰謀」なのですが。また革新系からは、「右派が食を語るな」と叩かれます。まるで食の問題は自分たちの専売特許だと言わんばかりの勢いです。

日本の食品輸入は、レントシーカーのような人物が政府に働きかける結果、決定されているのであり、国会の審議で決められているわけではありません。こっそりパブリックコメントをとるくらいしかやっていない。国民の目に見えない場所で食品事情が決められるという現状は、許し難《がた》いと思います。

日本の医療と経済の歪んだ実態

藤井　食料問題も医療制度の歪みも、実情を把握している人は少ないのです。私もM

Cを担当する「東京ホンマもん教室」（東京MXテレビ）では、医療制度によって日本国民が不幸になっているというテーマで番組を放送した経験があります。

私が日本の医療制度に疑問を感じた要因は、新型コロナウイルス禍における過剰自粛です。これは第2章で語り番組でも発言した内容ですが、外出自粛の要請によって、高齢者が運動不足によって足腰を痛めたり、他人と出会えない結果、認知症が進行するといった事例が相次いだのです。近しい例を挙げると、私の母親も、ある種コロナ自粛の犠牲者です。

コロナ対策を行なう専門医は、コロナウイルスの感染拡大防止のみを目的としているため、個人の事情など考慮せずに全員に対して自粛を求めました。コロナ禍以降、あらゆる病気に対して過剰な防止対策が行なわれる結果となり、外出や過度な飲食を全面的に禁止する風潮が生まれました。知人の医師からは、若干肥満気味の人物の方がガンを発症するリスクが低いという話を聞いたことがあるのですが、そのような意見は一切無視です。

神谷　おかしいと声を上げてくれるような医師や研究者もほとんどが、現役を引退した方々です。声を上げれば職場を追われますから。黙っていれば国からお金がもらえるのだから、いらないことを言うな、異論を唱える奴はクビだ、というロジックですよ。特に現役の医師の方々にはがっかりしました。何のために医者になったのかと問い詰めたいです。

藤井　過疎地の大規模病院の経営を成り立たせるために、本来ならば入院する必要がない人物を不健康状態と見なして入院させるという話を聞いたことがあります。病院側は健康体の水準を下げて、多くの人物を通院させようとしていると思います。

神谷　血圧が典型例です。以前は１８０前後までは問題がないと定義されていましたが、現在では１３０くらいから高血圧と見なされます。その結果、血圧を下げる高額な薬品が患者に大量注入されるのです。

藤井　薬品注入によって医師と製薬企業が多額の収益を得るわけですから、まさに濡れ手に粟ですよ。

神谷　ところが、一番の利益は日本人には残らないのですよ。結局、日本の製薬企業や医療企業の株式は外資系に買収されていますから、医療で生じた利益の大半は海外に流れるのです。もちろん、医師も製薬会社の社員も平均以上の所得を得てはいますが。

藤井　国のまもりの意識があれば、収益が外資に流れていくのが、どれほど嫌なこと、駄目なことであるのかを認識できるはずです。

しかし、安倍元総理が提唱した「アベノミクス」や、現在の岸田総理が提唱する「インベストイン」などの経済政策は、外資系メーカーに資本を売り渡す行為に他なりません。資本主義の論理で言えば、資本の売り渡しは奴隷化するための行為であると、なぜ理解できないのでしょうか。資本を買収した側は労働者の利益を搾取する形になるので、ある種の植民地政策と言えます。

神谷　選挙戦の街頭演説の際、僕はそのような内容を包み隠さず話したところ、聴衆は大受けしていました。

藤井　その演説を、僕は見ていました。特に電気自動車に関する話はもの凄く受けていました。詳細を話してください。

神谷　今後、電気自動車が強制的に導入された場合、日本の自動車会社の国内における優位性は大幅に下がるでしょう。現時点で、国内最大手のトヨタの株式の40％以上が外資系に買われているのですが、今後、外資系の持ち株が5割以上という状態になれば、実質トヨタは外資系企業となります。

日本の自動車産業は、社員の家族を含めると2000万人以上が携《たずさ》わっています。今まで日本政府は農業などを、ある意味切り売りして自動車産業を保護してきたのですが、その国内の主幹産業を現在は売り渡そうとしているのです。トヨタが外資系に買収されると日本の自動車産業は大きく衰退する結果となり、そのような状態になった場合、日本は外貨を稼ぐ手段を失います。今後は、国策事業化するなど、日本の自動車産業を徹底的に守らなくてはなりません。電気自動車の導入推進は断固阻止するべきです。

藤井　絶対に導入してはいけません。

神谷　しかし、電気自動車の普及を目的に、補助金を支払っている自治体があるというのが現実です。

藤井　広い視点で見渡せば、自動車産業のみならず、全ての経済活動が国のまもりの一環というのは、一般の方でも簡単に理解できるはずです。しかし、その構造まで理解している永田町の国会議員は本当に少ないのです。国会議員の中には、外国人が日本企業の株や資産を購入した結果、外資の勢いを取り込んだように認識している人がいますが、実際は取り込まれているのですから。

神谷　その通りです。岸田総理が訪英した際、シティ・オブ・ロンドン（金融街）に赴《おもむ》いて日本に対して積極的に投資するよう呼びかけていましたが、日本に投資したイギリス人が儲けるというのは、その分日本人が損をするという意味です。イギリスの市場で日本に投資を行なわせてください、日本人を儲けさせてくださいと頼み込むのが、本来の総理大臣の役割なのですが、岸田総理は真逆の訴えを行なってしまったのです。

藤井　岸田総理は、今後インドに5兆円、アフリカに4兆円と、合計9兆円規模の投資を行なうと発表しましたが、その投資金額は、本来は日本の資産、私たち日本人のお金です。外貨準備なので日本の資産にはならないという意見もありますが、ドルを円に換えるのは可能です。しかも、最近は円安状態ですから、外貨準備を使って為替介入すれば、有効な円安対策となります。

神谷　国内に投資した方が、よほど有益なのではないでしょうか。

藤井　国家が外国に投資する場合、通常は外国でのインフラ事業を国内の企業が受注します。その行為は「ステップ案件」と呼ばれるもので、私は同業者とステップ案件について議論する機会が多いのです。外国で建造された施設は外国が所有する形になりますが、施設の建造による利益は投資を行なった国が得るという仕組みです。

神谷　ＯＤＡ（政府開発援助）も同様です。

藤井　日本も積極的にステップ案件を行なえば良いのですが、外国側に気を遣っているのか、十分に実施されてはいません。今回の投資をステップ案件化した場合、外国に9兆円支払う代わりに、事業で9兆円の収益を得て、なおかつ後年に投資金の返済を求めれば、莫大な利益を得られます。一般的な国家は、このような戦略を展開しています。

神谷　世界中でそのような戦略を行なっているのが、中国です。

藤井　「一帯一路」が代表例です。外国に高利で資金を貸した上で、故意に返済不可能な状態にして、中国が建造したインフラ施設を接収するという仕組みです。

神谷　そのような戦略を行なうことで、中国は世界各地に軍港を設置しています。

藤井　中国は、合理的な国益拡大策をＯＤＡすら利用して行なっています。決して褒められた姿勢ではないとはいえ、中国の戦略を見るたびに「日本は、何を考えているんだ？」という気持ちになります。日本の政治家も大臣も官僚も、目の前にあるルールを遵守して政策を行ないますが、日本の国を守るためにどうすれば良いかを考えていません。

政治の世界に入って知った日本の政治の堕落

神谷　以前から、僕は偏差値エリートが日本を駄目にすると唱えており、街頭演説でも盛んにアピールしました。教育を政策の1番目に置いたのは、そのためです。

藤井　政治家や官僚が国民のことを第一に考えていないというのは、にわかには信じられない話です。しかし、神谷さん自身が、そう考えているというのは紛れもない事実です。実を言うと、私にもそのような気持ちがあるのですが、神谷さんが日本の政治家や官僚に失望を感じた理由を詳しく教えてください。

神谷　昔の僕は、政治家は凄い人たちだ、自分も政治家になれば日本を変えることができると思っていたわけです。それゆえ最初に吹田市議会議員になったのですが、実際に議会に携わった結果、大半の市議会議員は国や街のビジョンなど何も考えていない。支持母体のことばかりを見ています。むしろ、一般市民の方がよほど日本の将来を憂いていると気付いたのです。

藤井　市議会議員の多くは、自分の当選しか頭にありませんから。地元開催の祭りに顔を出す、後援者の葬儀に参列して支持を得るなどが主な仕事です。固定支持層を獲得するために宗教団体と関係を持つ議員も珍しくありません。

神谷　地方議員であっても日本全体のビジョンを考える必要があると思った僕は、龍馬プロジェクト全国会という政治団体を設立して、各自治体の地方議員に呼びかけました。龍馬プロジェクトは2010年に開始したのですが、現在までの約13年間でプロジェクト参加者の何人かが市長や知事や国会議員に就任しました。

僕は、確固たる地位に就任すれば本当の意味で日本を考えた政治を行なってくれるだろうと考えて、彼らを応援したのですが、国会議員に就任した人物すら、それは無理だと答えました。僕が理由を問うと、その人物は、政党とは皆で議論する場所ではなく、完全なヒエラルキー構造になっており、派閥の長の言うことを聞かないと公認候補に推薦されないと言ったのです。その人物が所属している党は、公認候補でなければ国会議員を続けることができないので、長に怒られるような発言は一切できないという体制だというのです。国会議員ができなければ誰が政治を行なうのでしょう。日本の政治の限界を思い知りました。

要点をまとめると、大半の政治家は日本のビジョンについて考えていない、考えていたとしても、政策を実行しないことに対する言い訳ばかりという例を嫌というほど見てきたので、正直「ふざけるな！」という気持ちになったのです。

藤井　私も神谷さんと全く同じ心境です。２０１２年12月に第二次安倍晋三政権の内閣官房参与に就任した私は、積極財政による国土強靭化、ＴＰＰへの参加拒否、消費税の減税といった経済政策を実施してデフレ状態から脱却するのを提唱しました。当時の安倍総理は、私の意見に賛同してくださり、私自身、安倍政権の中心メンバーであったのですが、私が官邸に在籍していた6年間で提唱した政策で、予算が大きくかかるものは残念ながら１つも実現しませんでした。

これは政治のプロではない私の持論なのですが、永田町の国会議員たちは、政策に関しては当然ながらプロである一方、ビヘイビア（振る舞い）に関しては素人であるわけです。純粋な性質の学者が、こうすれば日本のためになりますよと、どれほど政策を力説したとしても、結局響かないのです。私自身も参与時代はＣＧＳに積極的に出演していましたが、官邸でいら立ちを感じる機会が多々ありました。

神谷　当時の僕は、内閣の実態を把握していなかった面もあったのですが、実際に藤井先生から内情を伺った結果、市議会と何ら変わらないという真実を知りました。そして、真実を知った結果、内閣の指示が絶対的なものではないと理解したのです。

現在のコロナ禍における政策については様々な疑問点がありますが、どの国会議員もそれを追及しないわけです。その理由は、所属する党から止められるというものです。彼らは国会議員であり一介のサラリーマンではありません。挙句《あげく》の果てには、「神谷さん、がんばってね」といった言葉を言われるわけです。

藤井　自分たちが権限を持っているにも関わらず、肝心な点は人任せです。私も似たような経験があります。努力するべきは一般人ではなく国会議員の方です。

神谷　しかし、僕や藤井先生のような人間も、いざ自民党に入党すれば、そうならざるを得ないのではないでしょうか。自民党には強固な体制があるのです。藤井先生も学者として独立しているからこそ自由に発言できるのだと思います。僕の場合、どのようにすれば政治を変えられるかと考えた結果、自分たちで政党を作るという結論に達したのです。

藤井　実際に政党を作ろうと思い立ったのは、どのくらいの時期なのですか？

神谷　２０１８年、４年と少し前です。

藤井　そうなのですか。当時から、政党が基本理念のみを決めて、皆が政策を作って議論するという、現在の参政党のようなシステムを考案されていたのですか？

神谷　既存の政党の場合、議員が主導権を握っていますから、党員が議員に首根っこを掴《つか》まれた途端、何もできなくなってしまいます。党員に主導権がある場合、問題がある議員は辞職に追い込めば良いのです。今の日本は衰退期です。歴史を見れば分かるように、このような時期には、これまでの秩序が変化していきます。議員が力を持っていたのは今までの話で、これからは気が付いた国民が草の根運動でネットワークを作り、議員を動かしていく。そうした秩序をひっくり返す国民運動が必要なのだと考えています。

藤井 絶対にそう思います。衰退期であるにも関わらず、今までの方式を踏襲《とうしゅう》していたら、進むのは叶いません。足掻《あが》かないと上には登れないのですから。日本が沈んでしまえば、多くの人々が溺死する結果になりますが、現在は、その光景が目に見えています。今のままでは5年後、10年後には大勢の人が死ぬのに、何もしないというのは許されないのです。

神谷 その事実を公言するとクビにされてしまうというのが、今の日本の政治家です。そのような事情があるため、本音を話して党を除籍された議員を参政党が受け入れるというような体制を作っておかなければ、良い人材は集まらないとも考えています。

藤井 この辺りの話に関しましては、私と神谷さんが手がけた、2014年出版の『政の哲学』に詳しく記してありますので、未読の方には、ぜひ読んでいただきたいと思います。現在は電子書籍版が刊行されていますので、いつでも購入するのが可能です。

参政党躍進の要因となったプラグマティズム

神谷　藤井先生は、現代の参政党の全体像について、どのような印象を持たれているのですか？

藤井　プラグマティズム（実用主義）という概念を私は頻繁《ひんぱん》に強調します。本来、行動には目的があるのですが、10年、20年、50年と行動を続けてゆくうちに、目的を忘れて目の前の行動のみに熱中する状態になる場合があります。この状態を「目標の転移」と言うのですが、現在の自民党内部では目標の転移が頻発しています。私自身は立憲民主党や公明党などの既存政党の内部でも、目標の転移が起きていると思っています。

現在の参政党は目的を明確にしていますが、これは大きな利点です。日本を自主独立させた上で世界に貢献して大調和を生み出すという目的のために何が必要かという議論を党内で行なっているわけですから。

本来ならば、参政党だけではなく全ての政党が毎日のように議論を行なうのが正しい状態です。世界の状況は日々変化しますので、政党も議論を頻繁に行なって政策を変えていくべきなのです。それが本来の政治というものです。

現在の日本の政治は、プラグマティズムのエネルギーが止まっている状態です。私は参政党が10万人もの支持者を獲得した秘訣《ひけつ》は、プラグマティズムにあると思います。

神谷　参政党の党員は、もの凄く熱心な方ばかりです。街頭演説も自主的に行ないますし、政治パーティーを開催するたびに、1回で2億円もの献金が集まるほどです。党設立時の僕たちは、資金が乏しかったので、その点はネックになると考えていたのですが。

藤井　献金はクラウドファンディングのようなものですから。心意気を感じた方が、心意気を感じた分だけ献金するという形式です。政党側は、献金をどのように利用しているか、公明正大に全て公表すれば、何の問題もありません。

神谷　まさにその通りです。今後は、目的を明確にした行動に資金を使っていきたいと思います。

日本を救う本来の意味でのエリート

藤井　参政党が掲げる「新しい国づくり『10の柱』」の最後は、「国家　アイデンティティづくり」という内容です。神谷さんが考える日本の国柄に即した国造りとは、どのようなものでしょうか？

神谷　日本という国は、建国以来、天皇陛下を中心に国民がまとまるという国柄です。天皇陛下は権力者ではなく権威者であり、その下に権力者がいたわけです。そのため、他の国のように権力者が好き勝手に振る舞うというのが叶わなかったのです。

天皇陛下が持つ権威の心は「大御宝《おおみたから》」という言葉に表されているように、「国民が幸せであるように」という意味なのです。国民を幸せにするために、祈りを捧げられるというのが天皇陛下の存在意義であり、それこそが日本の国柄なのです。権力者たちも天皇陛下の想いに沿わなくてはならないため、自分の私利私欲ではなく、常に国民を豊かにする方法を意識しながら活動していました。

そのような伝統があるにも関わらず、現代の日本の政治家や官僚、経済人たちの姿を見ていると、自分たちの保身や私利私欲にばかりベクトルが向いているように感じます。

藤井　彼らにとって大切な存在は、国家でも国民でもなく自分自身です。

神谷　今後の日本では、「ノブレス・オブリージュ」と呼ばれる、自分たちが損するのもいとわず国民のために一生懸命働くという意識を持つ、本来の意味でのエリートが誕生する教育を行なうべきであり、ノブレス・オブリージュが中心となる政治体制に移行する必要があります。

僕は「偏差値エリート」と表現しているのですが、学校で行なわれる試験の点数が良かった人々が社会の上層部に入り、彼らが自己保身を図っているのです。偏差値エリートたちには悪気はなく、自分たちは必死に勉強したのだから、良い思いをしても構わないと思っている一方、勉強ができなかった人々は、努力を怠ったのだから不幸になっても仕方がないという意識を持っているわけです。本来のエリートは、そのような意識を持っていません。

高い能力を持って生まれたならば、その力や知恵を庶民のために使うのが本来のエリートの姿であり、偏差値エリートたちも日本の歴史を学び国柄を理解すれば、政治家や官僚の真の役割を理解できるのではないかと思います。

藤井　本来のエリートによる政治活動こそが、日本の国柄に即した国造りとなります。政治家も官僚も経済人も、パブリック（一般の人々）を心のどこかに意識しながら活動するのが大切です。

私が読んだ昔の文献から窺《うかが》い知ったのですが、昔の日本人は、常に「お天道様」を心の中に置きながら仕事をしていたのです。ところが、現代は本来の日本人的ではない人々が増加している状態です。神谷さんのような思想を持つ方が国会議員に就任したというのは、とても素晴らしいことだと思います。

神谷　僕と同じような思想を持つ国会議員もいるとは思いますが、それをはっきりと公言される方はいないでしょう。今の国会議員は大人しすぎるという印象ですから、僕はこの書籍に自分の思想を記すことで読者の皆様に知っていただける、国会議員でもこのような発言を行なって良いと印象付けて、周りの国会議員の発言の枠を広げたいと考えています。

最終章

将来の日本を良くするための方法

本来のエリートの定義と、人間にとって重要な意識改革

神谷　第3章で述べたように、本当の意味でのエリートが日本に出現しなければならないと思っています。一口にエリートと言うと、お金を持っている人、学歴が高い人、権力を持っている人を連想する人が多いでしょうが、僕はそうではないと思っています。藤井先生が考えるエリートの定義を教えてください。

藤井　エリートの定義を語った言葉として、太宰治の「選ばれし者の恍惚《こうこつ》と不安二つ我にあり」というものがあります。これは、普通に生まれて普通に生きているけど、ある時、自分が人とは違うことに気付く、他人にはできないが自分にはできてしまう他人を助ける力を持つ、神様が選んだ人というイメージです。具体的に言うと、皆が解けない問題が解ける、皆が困っている時に解決方法を提案できる、あるいは、剣術などの武力が強い、数学の能力がもの凄く高いなど、人の役に立つ特殊な能力を持つ人物を指します。

人の役に立つ能力とは様々であり、偶然、その才能を持つ人物が出現するわけです。社会的に価値があるので、そのような人物になったとすれば、賞賛される喜びによる恍惚感が生じる反面、自分の能力から見れば明らかにレベルが低い要求にも関わらず、もしかしたら失敗するのではないかという不安も現れます。エリートとは、そのような認識を持つ人だと思います。他人から要求されたが一抹の不安がある。しかし、好むと好まざるとに関わらず、人を助ける者として選ばれているので、やむを得ず要求を引き受けるというタイプの人です。ですから、純粋に人助けを行ないたいという気持ちを持つ人とは異なると思います。

神谷　分かりやすい説明ですね。ここで大事なのは、エリートの根幹にある「人のため」というキーワードです。仮に優れた能力を持っている人物でも、人のためという教育を受けていないと、自分の能力で金儲けがしたいなどと俗物的な方向に進んでしまいます。もちろん、お金を稼ぐのが悪いというわけではありませんが、せっかくの天賦《てんぷ》の才能を金儲けだけに使うのか、それとも人助けのために使おうと思えるのか、この点でエリートとそうではない人との違いが生まれてくるのかと思います。

藤井　私が語った定義の場合、エリートは、完全に選ばれた人間のみを指しますので、分布で言うと全ての人間の上位数パーセントになります。しかし、実際は半分以上の人間が有能です。自分の身の丈に合った仕事を真面目に行なう人々は、エリートと言われるまでの高い能力は有していませんが、平均以下の人々よりは仕事をこなせるので、自分より劣っている人々がいるのだから、彼らのためにリーダーになろうという心境になります。彼らはエリートとは呼ばれないかもしれませんが、一般的にエリートと言われている人と同じ精神構造で仕事を行なっているわけです。

要するに、その人物の身の丈に合わせた役割分担を行なえば良いのです。しかも、学歴の尺度は合格した大学の偏差値がほぼ全てですが、社会の尺度は何百何千とあるので、他人よりも少し優れていると思う分野の仕事をこなせば良いわけです。自分の能力を「使ってあげる」といった感じで仕事に取り組む姿勢が肝心で、能力を使って他人を騙《だま》そうとは絶対に思ってはいけません。

神谷　勝ち逃げを狙うのは良くないですね。そもそも僕は「勝ち組」、「負け組」という言葉が嫌いなのです。

藤井　勝ち負けが明確な状態は調和社会ではありません。日本の基本は調和社会ですから、勝ち負けを気にしない心情がエリートには必要です。そのような話を最高学府出身の皆様には理解してほしいです。そして、全ての学校の先生方、生徒の皆様、全ての日本人の皆様、自身に他人より優れている面があった場合、自分より優れていない人が目の前にいたら、少し手助けしてあげてください。それだけで良いのです。

神谷　参政党に入党を希望される方がいますが、今後の参政党の政治は、そのような気持ちを持つ人々に担当してもらいたいです。議員になって皆を見返したいとか、お金を稼ぎたいという気持ちで入党されても困ります。

藤井　政治とは、政を行なって治めるのが目標ですから、困っている人を助けるというのは当然です。それが政治の本質で、そこに参加しよう、関与しようというのが「参政」だと思います。

神谷　エリートに関する哲学のまとめを語っていただき、ありがとうございました。

「当たり前」を実現するための将来の参政党のプラン

藤井　２０２２年7月の参議院選で参政党が獲得した得票数は１７６万票余りでしたが、たしか、比例代表が1人当選するには１００万票強が必要なのですよね。

神谷　1人当選するのに１００万票強です。

藤井　つまり、得票数がもう少し多ければ、２人が当選していたのですね。

神谷　あと20万票と少し、24、25万票を獲得していれば、もう1人当選していました。

藤井　非常に惜しかったですね。

神谷　悔しいですよ。僕は会派を作りたかったので、何としても3議席を獲得したかったのです。会派は2議席でも作れますが、5議席を獲得していると質疑応答が可能となりますから、大臣らから様々な話を聞くことができますが、1議席では質疑の応答時間が限られてしまいます。

藤井　しかし、参政党の場合、○○会といった支援団体が存在しない状態で1議席を獲得したわけですから。候補者の演説だけで10万人もの党員を獲得しました。参政党の躍進によって、日本の歴史が大きく転換する可能性があると、私は本気で思っています。

神谷　ありがとうございます。

藤井　当然、１００％とは断言できませんが、その可能性は十分にあります。これから神谷さんが事務局長として今後の参政党をどのように運営してゆくのか。また、自身の政治家としての将来のビジョンを持っていると思います。今後の戦略について、どのように考えているのでしょうか？

神谷　まずは、10万人にまで増加した党員の方々を1つのチームにする必要があります。党員の大半は、突発的に入党された方々で、政治に対する熱意は高いのですが、党の綱領や理念など、「何を目指すのか」という部分が全く共有されていません。共通の理念を持たなければ党員たちは必ず分裂状態になってしまうので、まずは理念を周知徹底してもらいたいです。

日本全国に289小選挙区があるのですが、今後、参政党の支部を289に分割して、それぞれの支部で党員に勉強してもらう。藤井先生には、すでにご協力いただいておりますが、やはり政治を行なうためには勉強が必要なのです。僕は、子供に試験対策の勉強を行なわせる前に、まずは大人が政治の勉強を行なうべきだと思います。これは、日本の教育機関が政治に関する授業を行なわないことも問題なのですが。

その後、政治教育を国民運動化して、自ら政治活動を希望する人物ではなく、優秀で他者から推薦される人物を政治家に就任させるというのが理想的な形式ではないでしょうか。

藤井 神谷さんの意見は「政の哲学」そのものです。**「政治家とは、万《ばん》やむを得ずやるものである」**とは、プラトンの言葉ですが、政治活動を熱望する人物は政治家としては不適切なのです。

神谷　僕は参政党の党員に対して、「政治家に『なりたい、なりたい』という人は候補者に選んではいけない。皆で勉強して、任せたい人に政治家を『やってもらおう』という意識で、参政党の議員を増やしていこう」と伝えています。

結局、勉強しなければ政策は作れませんから、勉強の過程の中で政策を作るというのが肝心なのです。各チーム内で議論を行ない、なるべく多くの方々の意見が党の政策に反映されるために、僕は事務局内で働くというスタイルを作り上げるのが目標です。

仮に選挙に落ちても良いから、あるべき日本の形を追求しよう。そのためには、選挙に出馬しない人々が政策を生み出すというのが重要な点です。政策を選挙の候補者や議員に決めさせると、絶対にポピュリズム、票を獲得するための政策に走ります。だからそれを防ぐために党員が政策を作るのです。僕は党員をマネージメントする事務局長ですから、議員活動を長く続ける気はありません。

藤井　国会よりも党内の活動の方が大切なのですか。

神谷　国会に出席している時間がもったいないとすら感じています。国会とは政策を議論する場所ですので、松田学代表のような方が登壇《とうだん》して政策議論を担当していただいた方が良いと思います。僕自身は各地を回って組織作りに尽力した方が党勢の拡大になると考えていますし、そちらが性に合っていると自覚しています。

そのような意見を述べると、「では、なぜ国会議員になったのか?」と、疑問に思う方もいるでしょうが、その理由は、第一に有権者から票を頂いたからであり、第二は、今後、参政党から国会議員を何十人と輩出するつもりなのですが、新しい政党なので党本部にスタッフチームが存在しないからです。国会議員頼みではなくて政党の職員が支える政党が僕の理想なのです。そのような形式にするためには、優秀なスタッフが100人ほど必要となります。スタッフを登用し、教育と言うとおこがましいですが、トレーニングするにあたって、僕が国会議員であった方が強い権限を持てるのです。国会議員が秘書を任命してから、その秘書を中心に据えた100名のスタッフを揃えるには2年ほどの期間を要するでしょう。本部が優秀なスタッフを揃えておいて、参政党から新たな国会議員が誕生した際は、10名程度のスタッフを割り当てます。その国会議員の能力が未熟だった場合でも、スタッフが実務を担当してサポートするという状況を作り上げたいのです。

藤井　現在の自民党は、官僚組織の存在を前提として政治活動を行なっています。それは、自民党が優秀なスタッフを十分抱えてない故《ゆえ》、霞が関主導になってしまっているという面があるのです。当然、国会議員と霞が関の官僚の間で議論は行なわれるのですが、党としての定見《ていけん》というものをしっかり持って官僚と対峙する体制を作っておかなければ、結局元の木阿弥、参政党も既存の政党と同様になってしまいます。

神谷　政策を考案する、官僚と渡り合うというのは、議員だけでは無理です。アメリカの場合、1人の国会議員に10～20名のスタッフが配属されるのに対して、日本の国会議員は最大3名の公設秘書しか認められていないのです。このような状態では、官僚と戦えるわけがありません。官僚組織と議論するためのチームは党内で作るのです。正直な話、政治家はスタッフが言うことをある程度理解して、国民の皆様の前で説明できれば問題はないのですから。実務を担当するのは党員や党のスタッフであり、国会議員は神輿として人々の心をつなぎ止める存在であれば良いというのが、僕の考えです。

第一、国会議員に様々な要求を行なったとしても、それを全てこなせるような人物は存在しません。どれほど優秀な人物でも、国会議員は落選したら活動できなくなるという立場に過ぎないのです。一方、党員や党のスタッフの場合、党の資金が枯渇しない限り継続して雇用されて活動可能です。党員やスタッフ主導の政党を僕は作りたいのです。

藤井　神谷さんが理想とする党のスタイルは、新しいタイプの政治活動と言えますが、参政党の理念は、至極《しごく》当たり前なものです。日本が自主独立するのは当たり前、伝統文化を守るのも当たり前、国を豊かにするのも当たり前、国民の健康、食を守るのも当たり前のことですから。その当たり前を実現するためには、どうすれば良いのかということを考えて政治活動を行なっているのが神谷さんです。参議院議員として、また参政党の事務局長としての活動を大いに期待しておりますので、今後も、新しいお話を聞かせていただけたら幸いです。その際は、参政党の状況も詳しく教えていただけたらと思います。

神谷　今回は、対談の機会を設けてくださり、誠にありがとうございました。僕たち参政党は更なる飛躍を目指しますので、これからも、藤井先生にご協力していただければ幸いです。

あとがき

藤井聡先生とは、私が立ち上げた龍馬プロジェクトの研修講師を依頼したことをきっかけに10年以上前からお付き合いをいただいています。そして、私が２０１３年にスタートしたＹｏｕＴｕｂｅ番組『ＣＧＳ』でも、多くの対談を行なっていただきました。その対談番組の１つが「じっくり学ぼう政治の哲学」です。お話の内容が非常に素晴らしかったので、これはぜひ活字にしましょうということで、２０１４年に出版された書籍が、本書内で何度も語られている『政の哲学』です。

２０１４年当時の私は、政治の裏側を見てしまったことで政治に失望していました。現在の仕組みでは誰がやっても変わらないのではないかと思っていたのです。また、私のような考えを持つ人間は政治家には向かないと、周りから言われていた時期でもあり、もう政治に関わるのは、やめようとも思っていたのです。そんな時期に『政の哲学』のお話を聞けたのは、心の救いでした。

『政の哲学』の中に記される「洞窟の比喩」の話が、私には一番心に刺さりました。まさに今の日本国民は洞窟の中で影絵を見せられていると感じていたからです。本来の政治家（哲人）は、洞窟の外にはもっと素晴らしい世界があるのだから、影絵に騙されていないで一緒に洞窟を出て、もっと素敵な時間を過ごそうと皆を連れ出す人なのだと言っていただき、涙が出るほど共感したのを今でも覚えています。しかし、当時の私には、皆を引っ張り出すほどの力もなかったので、自分は政治家をやめて周りの政治家を応援しようと決めて、議員の知り合いや議員を目指す人たちに『政の哲学』を読むことを勧めるのが関の山でした。

それから数年が経ち、２０１８年にもう一度政治に戻ろうと思ったときに、私が考えたことは「日本人に洞窟の外の世界を見せよう」ということでした。そのためには既存の政党に入っても想いは叶いません。言いたいことを自由に言わせてもらえないからです。それならば自分たちで政党を作るしかないと覚悟を決めて参政党を立ち上げました。

本書を読んで、藤井先生が参政党の応援をしている、参政党に寄せた発言をしていると感じられる方がいらっしゃるかもしれませんが、それは捉え違いです。逆なのです。

私が藤井先生のお話に影響を受けて参政党を設計したので、藤井先生がよくできていると言ってくださっているのです。

・国民の気づきを促そう＝洞窟の比喩の話
・政治をやりたいという人に政治をやらせるな＝哲人統治説
・何でもかんでも多数決で決めるのはよくない＝多数者の専制
・みんなで話し合ってより良い政策を＝アウフヘーベン
・どうせ無理だからやらないと言わない＝積極的ニヒリズム
・グローバル全体主義はよくない＝全体主義のテロル

このように例を挙げればきりがないほど、私が参政党で党員の皆さんに訴えていることは、「政の哲学」の中に書いてあるのです。もちろんすべて藤井先生の受け売りではないのですが、私がもともと考えていたことを、先生との対談で学術的に言語化していただいたので、私は自信をもって皆さんに訴えられたのです。

ぜひ、本書を手に取っていただいた方には『政の哲学』も読んでいただきたいです。対談で話を聞いた私が、10年後の今、何を成そうとしているかがよくわかっていただけると思うからです。そして、私の行動や参政党の活動は一過性のものではなく、失敗を重ねながらも試行錯誤の上で生まれたものであることをご理解いただければ嬉しいです。

そして、本書の対談でも、私の想いや参政党の理念を分かりやすく、藤井先生に言語化していただきました。難しいことをわかりやすく言葉にする。これがとても難しいのです。今回藤井先生と対談して、日本の政治の目指すところを明確に言葉にできたことで、読み手に意思が生まれたと思います。

最後に本文で語れなかった参政党のコンセプトについて少し説明します。参政党のコンセプトは「D・I・Y」(Do it yourself)です。この言葉は、第二次世界大戦後の1945年に、イギリスの首都ロンドンで、ドイツ軍の空爆により破壊された街を自分たちの手で復興させる国民運動が始まり、その時のスローガンとして生まれたものです。つまり**国を頼らず自分たちでやろう**という思いが込められています。まさに今の日本に必要な気構えではないでしょうか。

本文でも話したように戦後の日本の状況は独立国とは言い難いものです。戦後約78年が経った今、本当の復興を成し遂げ、日本を取り戻さないといけないと私たちは考えています。それを成し遂げた先に参政党の理念の実現があるのです。参政党がグローバル資本の参入に厳しく、企業・土地の外資への売却や移民受け入れに慎重であることの本質を皆さんに理解してもらいたいと思います。大切なことは皆さんが日本の本質的な課題に気が付いて、参加意識を持ってもらうことです。その意識を持ってもらうだけで「D・I・Y」は進んでいくのですから。
何のために活動するのか、具体的に何をするのか、どのような想いで取り組むのか、を人はよく忘れて迷ってしまいます。ですから、こうしたことを繰り返し言葉で確認して、「真善美」の意識と独立自尊の意志をもって、良き政党をプラットフォームにして、強い日本を作っていきたいと思います。皆さんも一緒に活動してください。

神谷　宗幣

【著者略歴】

藤井　聡（ふじいさとし）

京都大学大学院工学研究科教授。

1968年、奈良県生まれ。京都大学卒業。同大学助教授、東京工業大学教授などを経て現職。2012年から18年まで、安倍内閣において内閣官房参与。『表現者クライテリオン』編集長。『政の哲学』（小社）、『プラグマティズムの作法』（技術評論社）、『凡庸という悪魔』（晶文社）、『ゼロコロナという病』（産経新聞出版）、『なぜ、日本人の9割は金持ちになれないのか』（ポプラ社）など多数。

神谷　宗幣（かみやそうへい）

参政党副代表。参議院議員。

イシキカイカク株式会社取締役。

大学卒業後は高校で歴史と英語を教え、法科大学院で法律を学び、29歳で吹田市議会議員に当選。平成21年、地方から日本を変えたいと「龍馬プロジェクト全国会」を発足。平成25年にはインターネットチャンネル「CGS」を開設し、政治や歴史、経済をテーマに番組を配信中。令和2年「参政党」を結党し、世の中の仕組みやあり方を伝えながら、国民の政治参加を促している。著書に『子供たちに伝えたい「本当の日本」』、共著に『日本のチェンジメーカー～龍馬プロジェクトの10年』『国民の眠りを覚ます「参政党」』『参政党Q＆Aブック』（小社）他。

新しい政治の哲学
国民のための政党とは

令和５年３月31日　初版発行

著　者　　藤井聡　　神谷宗幣
発行人　　蟹江幹彦
発行所　　株式会社　青林堂
〒150-0002　東京都渋谷区渋谷 3-7-6
電話　03-5468-7769
装　幀　　有）アニー
印刷所　　中央精版印刷株式会社

Printed in Japan

ISBN 978-4-7926-0741-8